超宗教の時代の宗教概論

細川一彦

はじめに

二十世紀の後半から、欧米先進国を中心に既成宗教から離れる人々が増え、二十一世紀に入ると、宗教の衰退が目立つようになっている。わが国もこの傾向をまぬかれない。多くの人々は、経済的な利益や物質的な豊かさを追い求め、合理的なもの、効率的なものをよしとし、宗教の社会的な影響力は低下している。いわゆる世俗化の進行である。

だが、その一方、一九七〇年代以降、世界の一部では宗教回帰の潮流が起こっていることも確かである。近代西洋文明の価値観に触れたイスラーム教諸国でイスラーム教を復興する運動が起こり、国際社会の動向に強い影響を及ぼしている。共産主義の実験場となったソ連、東ヨーロッパ諸国では、一九九〇年前後に共産主義が放棄され、キリスト教が復活している。二〇一〇年代末の現在、中南米でキリスト教のプロテスタント福音派が信者数を拡大し、共産党が支配する中国では地下教会が活発に活動している。

わが国においても、この人・モノ・カネ・情報のグローバル化や、情報通信の高速大容量化、人工知能（AI）による総合管理等が急速に進む社会にありながら、今なお少なからぬ人々が神や仏を信じ、祖先の霊に手を合わせ、祭りや宗教的な行事に参加している。

科学の進歩が単純に信じられた時代には、科学が進めば、宗教の迷信や不合理が明らかになり、宗教はやがて消滅すると考えられた。だが、人間が生きる意味や、生と死、愛と苦悩等の問題について、科学は指針を与えてくれない。こうした問題は、理性的・客観的な認識とは、別のアプローチを必要とする。最先端の研究をしている科学者の中にも、信仰を抱いている人は少なくない。科学の研究が進むにつれ、宇宙や生命や心は新たな奥深さを見せる。その神秘や不思議に心打たれるとき、人は宗教には独自の価値があることを感じるのである。

しかし、従来の伝統的な宗教は、科学の未発達な古代に生まれた宗教かその変形であり、科学的な知見との乖離が大きくなっている。いずれ従来の宗教では人々の心は満たされなくなるだろう。先進国を中心に、人々は、自分が生まれた社会の伝統や慣習であるような形式的・制度的宗教から離れて、自分にとって本当に価値あるもの、本物を探し求め出している。科学の発達したこの時代に求められる本物の宗教とは、科学と矛盾せず、そのうえで現代人に確かな指針を示すことのできる宗教でなければならない。

なにより人類は今日、かつてない危機に直面している。最大の危機は、核兵器による世界戦争であり、また地球環境の破壊である。われわれは、自滅したくなければ、自ら飛躍しなければならないという瀬戸際に立っている。世界平和の実現、及び文明と環境の調和のために、人類は精神的な進化に迫られている。その進化を促し、人類を善導する新しい宗教が待望されている。その新しい宗教とは、従来の宗教を超えた宗教、すなわち超宗教と呼ぶべきものとなるだろう。

二十一世紀は、宗教が超宗教へと向上・進化していく時代となる、と私は確信する。本書は、この超宗教の時代において、かつてない変化と融合の過程に入りつつある宗教一般を概説し、宗教と人類の将来を展望するものである。

目次

註　本文中に関連掲示として掲げている拙稿は、「ほそかわ・かずひこのオピニオン・サイト」
に掲載しているものである。
アドレス：http://khosokawa.sakura.ne.jp
記事番号：（例）１０１―０１　１０１はページ番号、０１は項目番号

第1章　宗教とは何か

（1）宗教をどう定義するか

二十世紀以降で最大の宗教学者ミルチャ・エリアーデは、大著『世界宗教史』の序文に、次のように書いた。「文化の最古の諸層においては、人間として生きることは、それ自身において宗教的行為である。というのは、食糧収集も性生活も勤労も、象徴的な価値を持っているからである。言い換えれば、人間であること、というよりはむしろ人間になることは『宗教的』であることを意味する」と。

人類は先史時代から、各地で多様な文化を創造してきた。その中で、今日まで一貫してその文化の基本的な要素となってきたもの。それが宗教である。

宗教とは何か。これまで多くの宗教学者、社会学者、文化人類学者、心理学者等が、宗教の定義を試みてきた。

宗教学者では、岸本英夫は「人間生活の究極的な意味を明らかにし、人間の問題の究極的な解決に関わりを持つと、人々によって信じられている文化現象」と定義した。柳川啓一は「世界には日常の経験によっては証明不可能な秩序が存在し、人間は神あるいは法則という象徴を媒介としてこれを理解し、その秩序を根拠として人間の生活の目標とそれを取り巻く状況の意味と価値が普遍的、永続的に説明できるという信念の体系」と定義した。

社会学者では、エミール・デュルケームは「神聖すなわち分離され禁止された事物と関連する信念と行事の連帯的な体系、教会と呼ばれる同じ道徳的共同社会に、これに帰依するすべてのものを結合させる信念と行事」とし、タルコット・パーソンズは「信仰と習慣と制度が一組になったものであり、人間が様々な社会で進化させてきたもの」と定義した。

宗教社会学者では、ロバート・ベラーは「自分自身の存在の究極の条件と人とを結びつける象徴的な様式もしくは行為」とし、岩井洋は「本来自明ではない超自然的な存在に関わる事柄を、自明なものに変換し、人々をそのように振る舞わせる社会的装置」と定義した。

文化人類学者では、クリフォード・ギアーツは「一般的な存在の秩序の概念を形成し、また、これらの概念を事実性の層を以って覆うことによって、人間の中に強力な、浸透的な、永続的な情調と動機づけを打ち立たせ、情調と動機づけが、独特の現実性を持つように見えるように働く、象徴の体系」とし、スコット・アトランは「死や幻想といった人間の存在上の苦悩を超越した、事実や直感に反する超越的存在の力や、超越的存在に対する犠牲が大きく破りにくい約束を共同体がすること」と定義した。

心理学者では、エーリッヒ・フロムは「一つの集団に共有され、各個人に構えの体制と献身の対象を与える思考・行動体系」とし、カール・グスタフ・ユングは「ある目に見えず制御することもできない要素を、慎重に観察し顧慮することであって、人間に固有の本能的な態度」と定義した。

これらのほかにも、様々な定義がされてきている。多種多様な定義がされるのは、宗教が人間の文化、生活、社会、心理等の全般に深く係るものであることを示している。

異なる観点からの定義の試みの数々を前にして、多くの人はこれらをどうとらえ、どうまとめてよいのか、途方にくれるのではないか。こうした時によい方法は、最も単純な見方を参考にして考え直してみることだろう。

多種多様な定義の中で、私の知る限り最もシンプルなものは、文化人類学者エドワード・タイラーの「宗教を最も狭義に解釈すれば、単純に、霊的存在への信仰というのが妥当である」という定義である。

私は、専門科学の学者や特定分野の研究者ではない。様々な領域にわたって自由に物事を考察し発信している者である。私が二十歳代から続けている精神科学の実践的研究をもとに言うならば、タイラーの「霊的存在への信仰」という定義は、宗教の核心を突いている。宗教の根底には、通常の感覚ではとらえられない、超越的な力や存在を信じる心の働きがある。しかも、単に観念的に信じるのではなく、何らかの体験に基づいて信じるところに、宗教の特徴がある。このような考えに基づいて、私は、宗教とは「人間や自然を超えた力や存在を信じ、それに関わる体験を共有する集団によって形成された信念と象徴の体系」と定義する。

右のように定義し得る宗教には、独自の構造と機能がある。宗教の構造的要素には教義、組織、実践、体験がある。また、宗教は個人及び社会に対する様々な機能を持つ。宗教は、社会的な文化現象であるとともに、人間に内在する自己実現と自己超越の欲求に根差す心理的現象であり、生と死の本能が働く生命的現象でもある。詳しくは第2章以降に順を追って書いていきたい。

ところで、今日わが国で使われている「宗教」という言葉は、西欧言語の英語・独語・仏語のreligionの訳語に充てられたものである。religionは、ラテン語のreligioに由来する。religioは「再び（re）」「結びつける（ligio）」を意味する。再結合すべき対象は、全体としての宇宙や存在の根源、自己の本質等と考えられる。これに対し、漢字単語の「宗教」は、もともと仏教において「宗の教え」つまり究極の原理や真理を意味する「宗」に関する「教え」を意味していた。その「宗教」の語が、幕末にreligionの訳語に採用され、宗教一般を指す語となって、明治初期に広まり、現在に至っている。

私は、religionの訳語に「宗教」の語を充てた先人の英知に敬意を表したい。宗教は、この漢語の本来の意義のように、究極の原理や真理に関わる教えとなるべきものである。そして、究極の原理や真理を解明し得た宗教であれば、その教えはあらゆる分野に通じる綜合的な教えともなるだろう。ただし、まだそこまで到達した宗教は、伝統的宗教の中には存在しない。従来の宗教は、宗教を超えたものへと向かう途上にある未完成のものである。

(2) 宗教の起源

現在知られている人類の歴史において、一般に最も古い時代とされるのは、旧石器時代である。旧石器時代は、約三百万年ないし約二百万年前にはじまって約一万年前まで続いた。この時代に宗教的な意味を持つと考えられる遺跡が現れるのは、約十万年前から約三万五千年前までの旧石器時代中期である。ネアンデルタール人等の旧人の遺跡から、死体の埋葬や狩猟の儀式が行われたことがわかる。続いて、約三万五千年前から約一万年前までの旧石器時代後期には、クロマニョン人等の新人による遺跡から、宗教的な観念や儀式の存在を想像させるものが発見されている。すなわち、死に関わるものとしては墓地や埋葬物等、生命や生殖力に関わるものとしてはヴィレンドルフのヴィーナス像等、狩猟に関わるものとしてはラスコーやアルタミラの洞窟の壁画等である。

旧石器時代以降、宗教がどのように発生したのか。宗教の起源について様々な研究がされてきたものの、確定的な答えには至っていない。宗教の原初形態として、宗教学では、アニマティズム、アニミズム、シャーマニズム等が挙げられるが、それらの相互関係や発達の段階についても、定説といえるものは、まだない。

起源はどうであれ、今日宗教と呼ばれるものの多くは、古代に発生し、千年単位の年月にわたって継承され、発展してきたものである。それらの宗教には、その宗教を生み出した社会の持つ習俗、神話、道徳、法が含まれている。

習俗とは、ある社会で昔から伝わっている風習や習慣となった生活様式、ならわしをいう。その起源は極めて古く、人類諸社会の文化の発生と同時に生じたものが、世代から世代へと継承され、伝統を形作ってきたと見られる。習俗には、宗教的な意味を持つものが多い。また、習俗の一部は、その社会で伝承されてきた神話で語られる物語に由来を持つ。

原初的な宗教の諸形態は、その重要な要素に神話を持つ。神話は、宇宙のはじまり、神々の出現、人類の誕生、文化の起源等を象徴的な表現で語るものである。

人間は、他の動物よりも知能が発達している。その知能、言い換えれば知恵を以って、人間は自分の住む世界や自分自身を認識する。また、世界の成り立ちや人間の由来、生きることの意味等を考え、理解する。その認識と理解が最初に言語によって表現されたものが、神話である。

神話は、共同体の儀礼において、人類の遠い記憶を呼び覚まし、人間の自己認識、世界の成り立ち、生きることの意味等を確認するものだった。神話は、象徴的な思考によって、一つの社会の持つ人間観や世界観を表し、時には実在観をも示している。またその中には、その世界で生きていくための規範が定められている。

世界の様々な氏族、部族、民族は、それぞれが生み出した神話を世代から世代へと伝承してきた。神話の伝承は、神話に基づく儀礼の伝承でもある。神話に基づいて神々や祖霊を祀る祭儀を行うことは、人類に広く見られる営為だった。宗教の原初形態は、こうした神話と不可分であり、宗教の起源に神話が関係していることが推定される。

宗教は、習俗や神話とともに、道徳や法を未分化の状態で含んでもいる。道徳とは、宗教から人間や自然を超えた力や存在という超越的な要素をなくすか、または希薄にしたところに析出されるものである。道徳は、集団の成員の判断・行動を方向づけ、また規制する社会規範の体系である。善悪の判断や行動の可否の基準を示すものでもある。道徳のうち、制裁を伴う命令・禁止を表すものが、法である。法は、集団の成員に一定の行為を命じるか、禁じるかし、これに違反したときには制裁を課す決まりごとの体系である。

さらに近代以前において、宗教は、生活に関する様々な知恵や技術、哲学、芸能、音楽、美術等をその中に含んでいた。また、医学や薬学の知識を教えるものでもあり、現代では宗教と対立するものとされる科学でさえも、そのよって立つ基本的な人間観や世界観、実在観は、宗教に深く根差している。それゆえ、宗教の起源の考察は、文化の全般に関わり、哲学、医学、科学等の起源を探究することにもなるのである。

(3) 宗教の分類

宗教は発生以来、多様な形態を取りながら発達した。人類の歴史に現れ、また現代世界にも存続する宗教には、様々な種類がある。主なものを整理すると、次のようになる。

①原初宗教／高度宗教
②アニマティズム／アニミズム／シャーマニズム
③フェティシズム／動物崇拝／トーテミズム／天体崇拝
④祖先崇拝／自然崇拝
⑤自然宗教／創唱宗教
⑥神を立てる宗教／神を立てない宗教
⑦有神教／無神教／無神論
⑧多神教／一神教／汎神教
⑨聖典を持つ宗教／聖典を持たない宗教
⑩啓典宗教／啓典なき宗教
⑪啓示宗教／非啓示宗教
⑫契約宗教／非契約宗教
⑬氏族的・部族的宗教／民族宗教／世界宗教

⑭救いを求める宗教／解脱を目指す宗教／浄化を願う宗教
⑮集団救済の宗教／個人救済の宗教
⑯古代的宗教／近代的・現代的宗教

次に、これらについて説明する。

①原初宗教／高度宗教

旧石器時代から認められる原初的形態の宗教を、原初宗教という。アニマティズム、マナイズム、アニミズム、シャーマニズム、フェティシズム、動物崇拝、トーテミズム、天体崇拝、祖先崇拝、自然崇拝等がそれである。

こうした原初宗教を基盤として、独自の理論と実践方法を持って発達したものが、高度宗教である。今日まで続くユダヤ教、キリスト教、イスラーム教、ヒンドゥー教、仏教、儒教、道教、神道等のほか、歴史的に重要なものとしては、ヴェーダの宗教（バラモン教）、ピュタゴラス教、ゾロアスター教、ミトラ教、マニ教等が挙げられる。

②アニマティズム／アニミズム／シャーマニズム

ポリネシア、メラネシア等の太平洋諸島には、「マナ」という不思議を起こす超自然的な力への信仰がある。これをマナイズムという。東南アジアの諸民族における「ピー」や、日本における「カミ」も、同じ対象を指すと考えられる。これらに共通するものは、宇宙・生命の根源的な力への信仰である。それを一般化して、アニマティズムという。霊力信仰と訳される。

アニミズムは、世界に広く見られる精霊や霊魂に対する信仰である。精霊信仰、霊魂信仰等と訳される。アニミズムは、アニマティズムの対象が個別化したものと考えられる。シャーマニズム、フェティシズム、動物崇拝、トーテミズム、天体崇拝、祖先崇拝、自然崇拝は、どれも霊的存在を前提にしており、アニミズムの諸形態である。

シャーマニズムは、シャーマンと呼ばれる特殊な霊的能力を持つ宗教的職能者を中心とした宗教である。シャーマンは、トランス（trance）状態と呼ばれる特殊な心的状態において、神、精霊、死者等の霊的存在と直接に交渉し、その力を借りて託宣、予言、治病、祭儀等を行う。

③フェティシズム／動物崇拝／トーテミズム／天体崇拝

フェティシズムは、呪物信仰であり、宝石、金属片、文字、図像等の物体に超自然的な力が宿るという信仰である。動物崇拝は、動物の持つ霊力に対する信仰である。崇拝の対象には、蛇、牛、犬、狐等のほか、空想上の動物である龍のようなものもある。トーテミズムは、ある個人または集団がそれぞれ特定の動植物と超自然的な関係で結ばれているという観念及びそれに基づく制度をいう。その特定の動植物をトーテムと呼ぶ。天体崇拝は、太陽、月、金星、北極星等に超人間的な聖性と霊的な力を認める信仰である。

④祖先崇拝／自然崇拝

祖先崇拝は、氏族、部族、民族等の祖先の霊を祀るものである。崇拝の対象となる祖先には、始祖、氏神、祖霊等がある。自然崇拝は、自然の事物や現象を崇めるものである。崇拝の対象には、天空、大地、太陽、月、山、川、風、雷、火、岩石、動物、植物等がある。フェティシズム、動物崇拝、トーテミズム、天体崇拝は、自然崇拝の諸形態でもある。

⑤自然宗教／創唱宗教

明確な教祖のいない宗教を自然宗教、創唱者のいる宗教を創唱宗教という。

原初宗教は、みな自然宗教である。高度宗教の中では、例えば、ユダヤ教は自然宗教であり、イエスを教祖とするキリスト教、ムハンマドを教祖とするイスラーム教は創唱宗教である。ヒンドゥー教は自然宗教であり、ゴータマ・シッダールタ（釈迦）を教祖とする仏教は創唱宗教である。神道は自然宗教であり、孔子を教祖とする儒教は創唱宗教である。道教は、自然宗教が老子を教祖と仰ぎ、創唱宗教を装ったものと見られる。

⑥神を立てる宗教／神を立てない宗教

宗教学者・岸本英夫は、宗教を、崇拝・信仰の対象として「神を立てる宗教」と、神観念を中心概念としない「神を立てない宗教」に分ける。弟子の脇本平也は、前者を有神的宗教、後者を無神的宗教と呼ぶ。

宗教の多くは「神を立てる宗教」だが、仏教は本来、法（ダルマ）の教えであり、「神を立てない宗教」である。

⑦有神教／無神教／無神論

「神を立てる宗教」を有神教、「神を立てない宗教」を無神教と私は呼ぶ。有神教の神の概念には、人間神、自然神、宇宙神、超越神、言語神、理力神等がある。無神教は、力、法、道等を中心概念とするが、それを人格化する場合は、有神教に近づく。また有神教のうち、神を非人格的で理法や原理ととらえるものは、無神教に近づく。

無神教の代表例は、釈迦の生前からの初期仏教、及びかつて小乗と呼ばれた部派仏教である。無神教は宗教の一形態であり、無神論とは違う。無神論は、狭義ではセム系唯一神教の神の存在を否定する思想をいう。無神論の代表例は、近代西欧のラ・メトリー、マルクスらの唯物論であり、霊的存在や来世をも否定するものである。

⑧多神教／一神教／汎神教

有神教のうち、多数の神々を祀る宗教が多神教、一つの神のみを祀る宗教が一神教である。また、神と万有を同一視する宗教を汎神教という。

神と万有を同一視する考え方は、宗教だけでなく哲学にも見られる。哲学において神と万有を同一視する考え方は汎神論と呼んで、宗教としての汎神教と区別する。

⑨聖典を持つ宗教／聖典を持たない宗教

神話、教義、儀礼等を文字に書いた聖典を持つ宗教と、持たない宗教がある。ユダヤ教、キリスト教、イスラーム教、ヒンドゥー教、仏教、儒教、道教は、聖典を持つ宗教である。神道は、仏教の経典やキリスト教の聖書にあたる聖典がないとされることが多い。ただし、『古事記』『日本書紀』『古語拾遺』『宣命』等の古典を「神典」と称し、仏教、キリスト教等の文書に相当するという主張もある。私は、この説を支持する。

これに比し、文字に書いた聖典を持たない宗教は、氏族的・部族的な宗教に多い。

⑩啓典宗教／啓典なき宗教

ユダヤ教、キリスト教、イスラーム教の聖典は、単なる聖典ではなく、啓典と書く。これらの一神教では、聖典は唯一の神の啓示を記録したものと信じられているからである。

啓典なき宗教が一概に啓典宗教に劣るということにはならない。啓典ではない聖典を持つ宗教は、神や実在に関して異なった考え方に立っているからである。

⑪啓示宗教／非啓示宗教

ユダヤ教、キリスト教、イスラーム教では、預言者または開祖が唯一の神の啓示を受けたと信じている。そうした宗教を、啓示宗教という。これに対し、啓示に基づかない宗教を、非啓示宗教という。

ただし、非啓示宗教であっても、多神教の中には、それぞれが信じる神々の言葉が記されている聖典を持つものがある。ヒンドゥー教や神道がその例である。そうした神々の言葉を一神教における神の言葉と同じように位置づけることは可能である。また祭儀や卜占において神の意思が示されるとか、特異な事象を神の知らせと理解する宗教もある。それゆえ、啓示宗教のみが神の意思を伝えるものであり、非啓示宗教はそうでないとはいえない。

なお、啓示宗教と自然宗教という対比もある。この場合、自然宗教は、神の啓示ではなく、人間の理性、感情、霊性に基づく宗教を意味する。

⑫契約宗教／非契約宗教

ユダヤ教、キリスト教、イスラーム教は、預言者または開祖が唯一の神と契約を結んだと信じ、その契約が信仰の核心となっている。そうした宗教を、契約宗教という。これに対し、唯一の神との契約に基づかない宗教を、非契約宗教という。

例えば、神道では、人は契約によって神と結ばれるのではなく、神々の子孫としてもともと神々とつながっているとされる。この考え方は、世界の諸民族に広く見られるものであり、キリスト教化する以前の古代ギリシャ人やゲルマン民族もそのように考えていた。

⑬氏族的・部族的宗教／民族宗教／世界宗教

氏族や部族の範囲で信仰されている宗教が、氏族的・部族的宗教であり、主に民族の範囲で信仰されているのが、民族宗教である。ここで民族とは、エスニック・グループを意味する。エスニック・グループは、一般にしばしば民族と訳される近代的なネイション（国家・国民）と区別される。ネイションを持たないエスニック・グループや複数のエスニック・グループで構成されるネイションもある。

氏族的・部族的宗教や民族宗教に対し、特定の集団を超える範囲に大きく広がった宗教を、世界宗教という。世界宗教といっても、現実に地球全体に広がった宗教という意味ではない。実態としては、古代の帝国や一つの文明の範囲を超えたものをいう。こうした広域的な宗教は、その地域内及び周辺の諸民族に浸透し得る普及力を持っている。その中でも特に強い普及力を持つ宗教は、世界的に伝播し得る可能性を持つ。その水準に達した宗教こそ、世界宗教と呼ばれるにふさわしい。仏教、キリスト教、イスラーム教がそうである。これらの宗教では、民族の枠組みを超えた教義が説かれている。

⑭救いを求める宗教／解脱を目指す宗教／浄化を願う宗教

宗教には、救いを求める宗教、解脱（モークシャ、ムクティ）を目指す宗教、浄化を願う宗教がある。

例えば、キリスト教は、原罪の消滅による救いを求める宗教だが、ヒンドゥー教、仏教は、業の消尽による解脱を目指す宗教であり、神道は、穢れの除去による浄化を願う宗教である。

これらのうち解脱を目指す宗教には、厳しい修行を行い、自分の努力即ち自力によって解脱を目指すものと、神、仏、如来等への信仰を通じて恩寵を受け、それらの助力即ち他力によって解脱を目指すものがある。後者には、救いを求める宗教との類似性がある。

⑮集団救済の宗教／個人救済の宗教

主に集団を救済の対象とする宗教を、集団救済の宗教という。集団を救うことによって、その集団を構成する個人をも救うことを目的とする。ユダヤ教、儒教はその例である。これに対し、主に個人を救済の対象とする宗教を、個人救済の宗教という。仏教、キリスト教、イスラーム教はその例である。個人の救済を通じて集団を救うことを目的とする。

前者の一つであるユダヤ教は、自らを選民と信じる民族が神に集団救済を求める宗教である。そこでは、神が個人を直接対象にして救うという考え方は、成り立たない。後者の一つであるキリスト教では、個人の救済を通じて救われる集団は、ユダヤ民族ではなく、イエスを信じる信徒の集団である。ユダヤ教を脱民族化し、またそれによって個人の救済に志向した宗教が、キリスト教である。

⑯古代的宗教／近代的・現代的宗教

宗教の多くは、古代に現れた。その後に現れた宗教は、ほとんどが古代的な宗教が発展または変化したものである。二十世紀後半以降に現れた現代的な宗教も、大部分はキリスト教、ヒンドゥー教、仏教、道教、神道等の既存の宗教に根差し、これらの宗教の教義の混交や総合を試みたものが多い。しかし、一部には、科学的な知見を積極的に取り入れ、科学と宗教の融合を試みるものや、科学と宗教に共通する根本理法を明らかにするものがある。

(4) 宗教の発達

●アニマティズムからアニミズムへ

宗教は、発生以来、どのように発達してきたのか。この点について、まだ定説はない。私は、次のように考察する。

十九世紀後半のイギリスの文化人類学者エドワード・タイラーは、「宗教を最も狭義に解釈すれば、単純に、霊的存在への信仰というのが妥当である」と説いた。そして、アニミズムを宗教の最も単純で原始的な形態とした。彼は、原始的宗教としてのアニミズムが段階的に一神教に進化したのだと考えた。そして素朴なものから複雑なものまで、宗教はすべて、なんらかの形でアニミズムを含んでいると主張した。

私はその点には同意するが、タイラーの考え方には、「進化」=「進歩・向上」という価値判断が含まれており、また唯一神教を最高の形態とし、多神教を下位の形態とみなす西洋中心・キリスト教中心の姿勢が見られる。その後の人類学や宗教学では、西洋中心・キリスト教中心の見方への反省がされるとともに、様々な社会の研究が行われてきた結果、宗教の発生・発達は一元的ではなく、様々な発生・発達の仕方があり得るという考え方が有力である。この考え方に立てば、宗教の諸形態は、段階的に発展したものではなく、並列的な類型と理解される。私は、その判断が妥当である可能性を認めながらも、宗教の発生・発達について、論理的な思考に基づく仮説を抱いている。

まず私は、宗教はすべてなんらかの形でアニミズムを含んでいるとするタイラーの主張を評価する。タイラーの考え方から「進化」＝「進歩・向上」という判断を除いて価値の相対化をすると、宗教の様々な形態は、アニミズムの特殊化であると見ることができる。つまり、アニミズムの特殊な形態が多神教であり、さらに非常に特殊な形態が一神教であると考えるのである。

また、私は、アニミズムの根底には、アニマティィズムがあると推測する。アニマティズムとは、タイラーの弟子ロバート・マレットが、アニミズム以前のプレアニミズムの一形態として唱えたもので、自然の事物や現象に霊的な力や生命力が秘められていると考え、この力を人間生活に取り込もうとする信仰である。私は、これを宇宙・生命の根源的な力への信仰と考える。力は物事を生起させる原因に係る概念である。日常的な言語では、目には見えないが人やものに作用し、何らかの影響をもたらすものを力という。特にその力に意思の働きを認めるとき、これを霊力という。それゆえ、アニマティズムは、霊力信仰と訳することができる。そして、私は、アニミズムの精霊信仰の基底には、アニマティズムの霊力信仰があると考える。

例えば、わが国では古来、何かしら尊いもの、偉大なものに触れると、それを「カミ」と呼んで崇めたり、畏れたり、親しんだりしてきた。「カミ」と呼ばれるものは、自然の事物や現象だったり、人間の霊魂だったり、生きている人間だったり、対象は様々である。そうした「カミ」は、それぞれの対象に宿っている霊的存在というより、すべてのものの根源にある力を指すものと考えられる。ポリネシア、メラネシア等の太平洋諸島に見られる「マナ」や東南アジアの諸民族における「ピー」と、「カミ」は、同じ対象を指すものだろう。この宇宙・生命の根源的な力への信仰がアニマティズムであり、それが最も原初的な宗教の形態である、と私は想定する。

アニマティズムとしての霊力信仰は、全体としての宇宙を未分化のままに本能的・直観的にとらえたものと思われる。そこから個々の事物や現象が差別化され、名前が付けられると、対象のそれぞれに霊的存在が宿るという考え方に変化したのだろう。また、遠方または異界からやって来るものが、人や物に憑依するという考え方も現れる。それがアニミズムである、と私は考える。

アニマティズムと異なり、アニミズムにおいては、対象が個別化している。それゆえ、アニミズムは、精霊信仰であるとともに、祖先の霊を祀れば祖先崇拝となり、また自然界の霊を崇めれば自然崇拝となる。祖先崇拝及び自然崇拝は、人間や自然の根底にある宇宙・生命の根源的な力への信仰を否定するものではない。祖先の霊や自然の霊を祀ったり、交流することを通じて、根源的な力の存在を確認したり、その力を受け直すことができるからである。それゆえ、私はアニミズムの根底にはアニマティズムがあり、アニマティズムとアニミズムは重層的な関係にあると考える。

この仮説に立つならば、アニマティズムの特殊な形態がアニミズムであり、そのまた特殊な形態が多神教であり、さらに特殊化が進んだ形態が一神教であるという関係になる。アニミズムにしても、多神教にしても、一神教にしても、それらにおける宗教的な実践は、崇拝や信仰の対象が何であれ、宇宙・生命の根源的な力の存在を確認したり、その力を受け直したりするための試みと考えられる。

　アニミズムに基づく祖先崇拝において、子孫は、祖先の霊に呼びかけ、祖先の霊を慰め、祖先の霊に加護を祈念する。氏族・部族・民族の共同体において、その祖先の霊に対する儀式が行われる。そうした儀式を執り行う特殊な霊的能力を持つ宗教的職能者が、シャーマンである。

　シャーマンの語源は、ツングース系諸族の言語に求められる。かつて宗教学者は、シャーマニズムをシベリアの原初宗教に限定していたが、類似した現象は中央アジア、北米、東南アジア、オセアニア等の世界各地に見られる。日本やシナ、朝鮮では巫術・巫俗といい、呪術とも訳し得る。それゆえ、本来は地域的な概念であるシャーマニズムを普遍的な概念として拡大使用することが可能である。

　シャーマンは、祖先の霊を呼び寄せ、それと接触・交流し、その意思を共同体の成員に伝える。そのような能力を持つ者、または役割を持つ者を通じて、子孫と祖先が霊的につながり、また共通の祖先をもつ者の集団としての共同体意識が形成・維持されてきた。それゆえ、私は、アニミズムとシャーマニズムは、切り離すことのできないものと考える。

　シャーマニズムは、多神教においては、身分化された神官、祭官、僧侶、巫覡等に形を変えて存続していると見ることができる。一神教においても、聖職者にシャーマンに通じるような特殊な能力が期待される場合がある。

●多神教と一神教の関係

私の仮説によれば、アニミズムの特殊な形態の一つが、多神教である。多神教は、精霊信仰が発達したもので、多数の神々を祀る宗教である。多神教は、自然の事象、人間、動物、植物等を広く対象とする。精霊信仰では、崇拝や信仰の個々の対象にはあいまいな性格のものが多いが、多神教では、それぞれの対象がそれよりはっきりした性格を表す傾向がある。

一神教は、多神教における複数の神格を信仰の対象から排除することによって現れたものである。一神教には、単一神教、拝一神教、唯一神教がある。単一神教は、自己の集団において多くの神々を認め、その中に主神と従属神があるとする。他の集団における神格は、これを否定せずに認めるものである。十九世紀イギリスのインド学者マックス・ミュラーが、古代インドのヴェーダの宗教を単一神教と名づけた。これに対し、拝一神教は、自己の集団においては唯一の神しか認めない。だが、他の集団における神格は認めるものをいう。単一神教と拝一神教は、従属神を認める点、及び他の集団の神格を認める点において は、多神教に近い性格を持つ。

これらに対し、唯一神教は、唯一の神のみを神とし、自己の集団においても他の集団においても、一切他の神格を認めないものである。これが純然たる一神教である。唯一神教は、ユダヤ教を元祖とする。これをキリスト教及びイスラーム教が受け継いだ。これら三つの宗教を、私はセム系一神教またはセム系唯一神教と呼ぶ。

一神教に対する多神教という概念は、セム系の唯一神教を基準にした概念である。近代ヨーロッパの学者が生み出したもので、ユダヤ＝キリスト教を優位に置き、多数の神格を持つ宗教を劣位に置く発想が根底にある。これに対し、私は、逆にアニマティズムからアニミズム、多神教、一神教へと特殊化が進んだと考える。この特殊化の進んだ一神教をキリスト教文化圏の学者が最も進歩した宗教とし、それを基準に他の宗教を評価したところに、宗教に対する大きな誤解が生じたのである。

私の見方では、アニマティズムは、究極的な実在を直観的に「一なるもの」ととらえたものである。いわば原初的な一元論である。その後、差別化・対象化によってアニミズムが現れ、アニミズムが特殊化して、多神教が発達した。多神教は実在を「多なるもの」ととらえる多元論である。多元化したことによって、もとの一元性が見失われがちになった。そこで多神教において、神々の本源が思考されるようになり、再び究極的実在を「一なるもの」ととらえる論理的な一元論が現れた、と私は考える。

一神教における単一神教及び拝一神教は、多神教的な性格を持っており、多元論的な一神教である。純粋な一神教であるセム系の唯一神教は、究極的実在を「一なるもの」ととらえるから、一元論的一神教である。

多神教は、アニミズムの特殊形態としては多元論的だが、根底にアニマティズムが存在しており、その基底面では一元論的であるというタイプのものもある。それゆえ、多神教には、アニマティズムから離れた多元論的多神教と、アニマティズムに近い一元論的多神教がある、と私は考える。

多元論的多神教とは、多くの神々や霊的存在が並列しており、それらを統合する神または原理が存在しないか、現象の後ろに隠れてしまったものである。これに対し、一元論的多神教とは、多数の神々や霊的存在のもとに、根源的な神または原理が想定されるものである。例えば、ヴェーダの宗教は多神教だが、神々の本源に万有創造の根源力にして宇宙の根本原理でもあるブラフマンを想定する。このブラフマンが「一」の側面を表す。そこには、本質において「一」であるものが、現象において「多」であるという構造が見られる。この構造を西田幾多郎の用語を借りて、「一即多、多即一」と呼ぶことができる。宗教学では、こうした哲学的な考察がされずに、「一」の側面を見て一神教、「多」の側面を見て多神教と単純に分ける傾向がある。私は、宗教をより深くとらえるには、哲学的思考が不可欠と考える。

一神教には、多元論的な単一神教及び拝一神教と一元論的な唯一神教があり、また、多神教には、多元論的多神教と一元論的多神教があると書いた。私は、こうした諸形態を持つ一神教と多神教は全く別のものではなく、根本に「一即多、多即一」という立体的な構造があって、そこから様々な宗教が差異化したと考える。そして、私はこうした「一即多、多即一」の構造に、一神教と多神教を包摂し、融合・進化させ得る可能性を見る者である。

●ユダヤ教と仏教の特異性

古代から続く宗教の発生・発達の過程で、特異な形態の宗教として出現したのが、ユダヤ教と仏教である。

ユダヤ教は、ユダヤ民族の神話的信仰をもとに、多神教を否定する一神教として発生した。発生の時期の特定はできないが、紀元前六世紀には、第二イザヤらの預言者によって、ヤーウェが世界を創造した神であり、唯一神であると位置づけられ、唯一神教が確立されていたと考えられる。唯一神教では、神が宇宙の外にあって、無から宇宙を創造したと考える。多神教を否定することでアニミズムを否定し、同時にその根底にあるアニマティズムをも否定し、超越的な人格神が宇宙と人間を創造したとする。唯一神教としてのユダヤ教の発生は、人類の宗教の歴史において画期的な出来事だった。純粋な一神教が誕生したからである。

ユダヤ教から、さらに二つの宗教が形成された。まず紀元一世紀にキリスト教が派生し、地中海地域に広がり、古代ローマ帝国の国教となった。ローマ帝国の末期から、アルプス以北のヨーロッパにも広がった。また、ユダヤ教及びキリスト教の影響を受けて、七世紀のアラビア半島にイスラーム教が発生し、中東、西アジア、北アフリカ等を席巻することになった。これらのキリスト教、イスラーム教は、世界宗教となった。

一方、仏教は、インドのヴェーダの宗教を背景として、紀元前六～五世紀にゴータマ・シッダールタすなわち釈迦が開創した。仏教は、ヴェーダの宗教と同じく輪廻転生を教義とする。輪廻転生は、古代のエジプト、ギリシャ等にも見られる思想だが、仏教は輪廻の世界から抜け出るための深い知恵と具体的な方法を伝えた。即ち、解脱を目指すために、法（ダルマ）を明らかにし、それに基づく実践を説いた。ここで法と訳すダルマは、真理、理法のほかに、規範、生き方等も意味する極めて多義的な言葉である。仏教によって、氏族的・部族的・民族的な共同体の宗教ではなく、個人の魂の解放を目指す宗教が誕生した。また、仏教がヴェーダの宗教やその発展としてのヒンドゥー教と異なる点は、「神を立てない宗教」であることである。釈迦の教えを守り伝えた初期仏教及び部派仏教は、その原型を保っていた。無神教としての仏教の発生もまた人類の宗教の歴史において画期的な出来事だった。

仏教は、インドから東北方面はシナ、朝鮮、日本等へ、東南方面は東南アジアへと広がった。それによって、世界宗教へと発達した。

人類の多数が信仰してきた多神教から現れた唯一神教、すなわちユダヤ教から出たキリスト教、イスラーム教は広域的な宗教に発展し、世界宗教となった。また多神教から現れた無神教、すなわち仏教も、民族宗教の枠を超え出て、世界宗教となった。各地の多神教が氏族的・部族的から民族的な宗教までにとどまったのに対し、多神教を否定した唯一神教及び無神教が、世界宗教となったのである。

仏教は、インドでは一時、隆盛を誇ったが、十三世紀に衰滅した。この間、有神教のヒンドゥー教や伝播した地域の多神教の影響を受けた。大乗仏教は、その結果といえる。大乗仏教の多くの宗派や密教は、法を人格化したり、仏陀や如来・菩薩等を神格化したりしている。法身仏、久遠本仏、阿弥陀如来、観世音菩薩等である。こうした宗派は、神を仏教的な名称で呼ぶ有神教と見ることができる。私は、有神教的な仏教を多神教に分類する。今日も続く南伝仏教は上座部仏教の系統の無神教だが、土俗的な信仰の多神教を許容しており、その点では多神教に近い性格を持つ。

なお、大乗仏教では、仏には法身、報身、応身の三身があるという三身観が発達した。このうち法身は、永遠なる宇宙の理法そのものとしてとらえた仏のあり方である。報身は過去の修行によって成就した仏のあり方、応身は救済のために仮に相手に応じて出現した仏のあり方である。こうした考え方は、有神教であるヒンドゥー教の神に関する考え方の影響を受けたものである。

仏教は、多神教を否定することで民族宗教の枠を超え出たが、そのうえで無神教でありながら実質的に有神教化したことによって、世界宗教となり得たのである。

（５）宗教と哲学及び科学

原初宗教から高度宗教への発達過程で、象徴的な思考から概念的な思考への変化が現れた。ここで象徴的な思考とは、例えば善悪について善の神と悪の神の物語で表すような思考の仕方である。概念的思考とは人格化された神々の話ではなく、善悪という概念を以って思考するものである。前者にも一定の論理があるが、通常その論理は明確に意識されずに物語の筋道として理解される。後者では概念的な思考に伴う形で反省が行われ、論理が発達する。

神話に基づく古代的な宗教は、象徴的思考の中に概念的思考を併せ持っている。しかし、その思考は神話を完全に脱却したものではない。そこから概念的思考がさらに発達したところに、哲学が出現した。

哲学とは、古代ギリシャで、紀元前六世紀頃に発生した知的な活動である。「フィロソフィア」（英語philosophy等）は、「知を愛すること」を原義とする。イオニア学派のヘラクレイトスやエレア学派のパルメニデス等は、神話的信仰を基盤としつつ、万物の始源（アルケー）を追求して、「永遠に生ける火」「存在（ト・エオン）」等の概念で表した。彼らに続く者たちは、物事の法則や論理に当たる「ロゴス」を論じた。プラトンは「イデア（形相）」の概念を用いて、物事の合理的認識を進めるとともに、「善（アガトン）」の概念をもって人間の徳の追及を行った。プラトンをはじめ、これらの哲学者は、当時の古代的な宗教を否定したわけではない。プラトンは、オリュンポス神殿の神々やダイモンと呼ばれる守護霊を仰いだ。また輪廻転生を説くオルフェウス教や数の理法を説くピュタゴラス教団の影響が指摘されている。彼の弟子アリストテレスは、形相―質料、類―種―個等の概念を用いた哲学を説いた。プラトンより神話的信仰は薄くなっているが、アリストテレスの哲学の中心には神があり、神を「質料を持たない純粋形相」であり、「不動の動者」等と概念的かつ論理的にとらえている。

哲学は、ギリシャからローマ帝国を経て、イスラーム文明で発達した。ムスリムの神学者たちは、古代ギリシャの多神教の社会で発達した哲学を、ユダヤ民族にはじまる天地・人間を創造したとされる唯一神の信仰に応用した。イスラーム文明で発達した哲学は、十二世紀からヨーロッパで摂取され、カトリック教会の「神と子と聖霊の三位一体」の信仰に応用された。スコラ神学が哲学的な基礎として採用したのは、アリストテレスの哲学だった。

近代西欧では、哲学をキリスト教の神学から自立したものとし、知の純粋形態とみなす。しかし、近代西欧においても、キリスト教と哲学の関係は続いている。物心二元論、主客二元図式、要素還元主義等によって近代哲学の祖とされるデカルトは、キリスト教の神への信仰を否定しておらず、神の存在証明を行っている。また、自由主義、民主主義、資本主義等の基礎理論を打ち立てたロックは、キリスト教の神の信仰に基づく政治社会理論を展開した。十八世紀啓蒙主義の代表的存在であるカントは、人間の認識能力を根本的に検討した批判哲学を、キリスト教の信仰による心霊論的信条の上に構築している。十九世紀の科学的合理主義を経た二十世紀以降においても、欧米を中心にキリスト教の信仰に基づく哲学が脈々と受け継がれており、神学的哲学、哲学的神学が展開されている。

このような歴史を持つ哲学は、西洋文明に固有の知の形態である。だが、哲学を概念的思考によって物事の合理的認識や人間の道徳の考究を行う知的な活動と規定するならば、そういう学問は、西洋文明に限らず、他の文明でも発生し発達してきている。

例えば、古代シナでは、天地、宇宙、万物を創造し支配する神を天帝とする天命思想があり、それを背景として、紀元前六～五世紀から儒教及び道教が発達した。これらは、仏教に対比されて「教」の文字を付けて呼ばれるように、古代的な宗教である。例えば、孔子は葬礼を行う巫術者の集団の指導者だったと考えられ、老子は神仙伝説と結びつけられる伝説的な存在である。そうした宗教的な思想の中で、古代ギリシャの哲学と比較し得るような概念的な思考が行われた。孔子の「仁」「忠」「孝」「礼」等の徳目や老子の「道」、易経の「陰陽」等は、その概念的思考の産物である。

また、古代インドでは、ヴェーダの宗教の奥義書ウパニシャッドは、宇宙の根本原理としてのブラフマン（梵）と個人の本質としてのアートマン（我）が同一であるという梵我一如を中心思想とする。ここでも古代ギリシャの哲学と比較し得るような概念的かつ論理的な思考が行われた。ヴェーダの宗教は、そうした合理的認識を含みつつ、輪廻の世界からの解脱を説き、ヒンドゥー教の母体となった。ヒンドゥー教では、六派哲学が真理に関する様々な見解を示し、高度な哲学的考察を行った。その存在論、認識論、論理学は、ギリシャ系の哲学と双璧をなす。

こうした例を見るならば、哲学はギリシャ＝ローマ文明、イスラーム文明、西洋文明に限らず、シナ文明、インド文明等においても発生し発達したということができるのである。

宗教と哲学を比較すると、宗教は何らかの体験に基づいている。儀礼、信仰、修行等の実践を通じて得た体験が、宗教における不可欠の要素である。これに比し、哲学は経験一般に基づくことなく、純粋な思考によって真理の認識に到達しようとする傾向がある。宗教の認識は直観的・体得的であり、その表現は象徴的であることが多く、しばしば非言語的である。これに対して、哲学の認識は論理的・対象的であり、表現は概念的であり、常に言語的である。こうした特徴を持つ宗教と哲学は、真理の探究において相補的な関係にある。ただし、真理の究極は、哲学的な認識によっては到達し得ないものであり、宗教的実践によって究極の境地に到達する以外に、悟り得ないものである。

次に、宗教及び哲学と対比されるものに、科学がある。科学とは体系的で、経験的に実証可能な知識をいう。古代から近代の初期までの長い歴史において、科学は宗教と不可分であり、また哲学とも不可分だった。宗教から哲学が分かれ、またそこから科学が発達した。科学もまた古代ギリシャに限るものではなく、シナ、インド、イスラーム等の諸文明においても発達した。近代西欧科学は、それらの諸文明で発達した前近代的な科学を土台として発生したものである。

近代西欧科学は、自然の研究において、客観性及び再現性のある現象を対象とし、数学と実験を用いて法則を見出す点に特徴がある。その根本にあるのは、観察と分析であり、仮説を立てて証明を行いながら、理論を構築する。社会の研究においても、観察と分析を行い、仮説を立てて論理的に説明を行う方法によって、経験的に実証可能な知識を体系化することは可能であり、自然科学に対して社会科学が発達した。

こうした科学と宗教は相容れないものではなく、科学的な理論と方法を以って、宗教の研究を行うことは可能である。ただし、そのためには、自然を対象とする科学、社会を対象とする科学とは別に、精神を対象とする精神科学が発達しなければならない。この点は後に第8章で述べる。

第2章　宗教の構造と機能

人間の集団、社会的な現象及び活動は、それぞれ独自の構造と機能を持つ。宗教もまた他とは区別される固有の構造と機能を持つ。

ここで構造とは、ある物を成り立たせている様々な要素が相互に関連して作り上げている全体の仕組み、及び各要素の相互関係のことである。また、機能とは、ある物が本来備えている働きや作用である。

宗教の構造は、教義（teaching）、組織（community）、実践（practice）、体験（experience）という四つの要素で構成される。また宗教の機能とは、宗教が人間生活の中で行っている働きや担っている役割をいう。

（1）教義――構造的要素1

宗教の構造的要素の第一は、教義である。教義は、宗教や宗派が説く教えの内容である。ただし、教えが明確な命題として示されていなかったり、断片的で体系化されていなかったりする場合もある。そこで、ここでは、より広くその宗教や宗派の思想を表現したものを、教義と呼ぶことにする。

原初宗教は、神話を伴う。神話の多くは、神々や祖先、英雄、動物等の活躍を語り伝える物語である。その物語は象徴的な思考によるものだが、その中に、人間の由来や世界の成り立ち等に関する思想が表れている。また、人は、神話から先祖や先人の教えを学び取ることができる。

原初宗教から発達した高度宗教は、自然宗教と創唱宗教に分かれる。先に創唱宗教から述べると、創唱宗教では、創唱者が説いた教えが思想の中核となっている。古代に現れた創唱宗教では、創唱者は自らが悟り得たり、啓示を受けたりしたことを、弟子や崇拝者に語った。その内容が伝承され、やがて文字によって記録された。伝承は、創唱者の人格と生涯を語り継ぐものであり、必ずしも創唱者の説いたことが整理されたり、体系化されたりはしてはいない。こうした形で伝えられる創唱者の教えを、教説という。仏教の釈迦やキリスト教のイエス、イスラーム教のムハンマドが説いたものがその例である。次に、自然宗教には明確な教祖はいないが、神話に表された思想をもとに、多くの世代を通して宗教的指導者や文献の編纂者たちが人間や世界や実在についての考え方を発達させてきた。それもまた教説と呼ぶことができる。ユダヤ教のモーセ、イザヤ等が説いたものや、インドのヴェーダ文献に書かれているもの等が、その例である。

こうした思想が整理され、体系化され、さらに発達したものが、狭義でいうところの教義である。創唱宗教では、創唱者亡き後、弟子や信者の集団が教団として組織化されていく過程で、指導層によって教説が編集され、内容が確定される。そして、信仰の規範として制度化されて、教義となる。たとえば、キリスト教の古カトリック教会では、数次にわたる公会議で教義が裁定され、アウレリウス・アウグスティヌスが集大成した。自然宗教では、歴代の宗教的指導者や文献の編纂者の後継者たちによって、教説が整備され、権威を高めていくことで教義が形成される。たとえば、ヒンドゥー教では、ウパニシャッドやバガヴァッド・ギーター等に表現された教説を、六派哲学の学者たちが哲学的に考察し、多様な教義が形成された。教義が確立されると、それをもとにした研究が展開され、教学・神学がさらに発達する。

宗教の教義は、その宗教の思想であるが、哲学が単なる知的認識であるのと異なり、宗教的な目的を持った実践を伴う点に特徴がある。

●人間観

各宗教の教義は、人間とは何か、世界とは何か、究極的な実在とは何かについての考察を含んでいる。また、人間観、世界観、実在観が教義の主要な要素になっている。

最初に人間観から述べると、人間観とは、人間についての自己認識である。人類の起源、人間の本質、生きることとの意味と目的、苦悩の原因と解決方法、死と死後のあり方等に関する思想である。

世界の諸民族の神話は、それぞれの民族が考え、伝えてきた人間観を含んでいる。多くの宗教は、神話の内容をさらに深く考察した人間観を表している。

宗教において、人類の起源には、人間は神または神々によって創造されたという創造説（ユダヤ教他）、神または原人が死にその身体から発生したという再生説（ヒンドゥー教他）、神々の子孫として誕生したという子孫説（神道他）等がある。

こうした人類の起源に関する考察は、人間の本質、生きることとの意味と目的、苦悩の原因と解決方法、死と死後のあり方等と、しばしば関連づけられている。

たとえば、ユダヤ教及びキリスト教は、人間は超越的な唯一神によって創造されたという創造説を説く。神の似像として創造された人間は、神から自然を支配し、これを利用することを使命として与えられている。同時に、人間は自らの過ちにより原罪を負っており、そのために争い、労働と産みの苦しみ、そして死を免れないと考える。人生の目的は、神の教えに従い、原罪から救済されて天国に入ること、また地上に理想郷を実現することである。ユダヤ教では、この救済をもたらす者を救世主とし、キリスト教ではそれをイエス・キリストだとする。

ヒンドゥー教には、人類の起源について様々な創造説がある。それらの説の違いに関わらず、人間観の根底にあるのは、宇宙の根本原理であるブラフマン（梵）と人間の精神原理であるアートマン（我）は根本的に同一であるという思想である。人間は、輪廻の世界にあり、自らの行為（カルマン、業）の結果として、死後、再生を繰り返す。人生の目的は、こうした輪廻の世界から解脱し、最高神と合一することである。ヒンドゥー教徒の一定の身分以上の男性は、少年時代からヴェーダを学び、結婚後、家長は社会的義務を果たした後、解脱を目指す生活に入る。

仏教は、人類の起源を問うことなく、人間の苦悩の解決に心を集中する。仏教は、ヒンドゥー教の前身たるヴェーダの宗教から輪廻と業と解脱の思想を受け継いだ。ヒンドゥー教との違いは、神々の存在を否定し、輪廻と業を神々の意思ではなく宇宙と生命の法則によるものと考え、また輪廻転生の主体となる個我の存在を否定することにある。そして、すべてのものには原因があり、条件によって生じているという縁起の理法を説き、それを理解することが、解脱への道だとする。解脱とは、再生することのない、完全に活動が停止した絶対的な静寂、すなわち涅槃（ニルヴァーナ）に入ることと考える。人生の目的は、正しい知恵を習得し、業を生み出す欲望や感情を克服し、涅槃に至ることであると説く。

神道は、人間は神々の子孫として誕生したとする。それゆえ、人間は本来明るく楽しく生活できるはずであるにもかかわらず、そこに苦悩が生じるのは、穢れによると考える。穢れは生命力を弱めるものであり、不浄を除去することで、生命力が強化されると信じる。祓い清めの儀式を通じて穢れを取り除くことを、苦悩の解決の方法とする。また、穢れを忌み嫌うことから、浄明正直を徳目とする。とりわけ偏邪虚偽がなく廉潔なことを意味する正直が重視される。人生の目的は、神々の示す道に沿って、自然の恵みに感謝し、先祖の祭りを行い、子孫の繁栄を願う生活をすることにあると考える。

上記の例のように、宗教によって様々な人間観があり、それが教義の重要部分をなしている。特筆したいのは、諸宗教の中には、人間を宇宙に対する小宇宙ととらえ、大宇宙としての宇宙と小宇宙としての人間が一致するという思想があることである。ヒンドゥー教、仏教、道教等に見られるものである。この思想は、部分が全体を内部に包含するという考え方である。全体はいくつもの部分で成り立っているが、部分はそれぞれ全体を内包する。この人また、部分と部分の関係も相互に内包し合っているという超立体的な構造を示す。この人間観は、同時に世界観ともなっているものである。

●世界観

世界観とは、人間が存在し、生き死にしているこの世界についての認識である。世界の起源、成り立ち、終り、再生等に関する思想である。そこには宇宙論、他界論、来世論までが含まれている。

宗教には、世界は幻影であるという考え方と、世界は実在するという考え方がある。前者を世界幻影論、後者を世界実在論という。幻影論は、外界が存在するのは、心が生み出しているからであり、外界はそれ自体としては存在しないと主張する。だが、世界は幻影であると考える自己の存在は否定し得ない。同時に、自己の存在を認める他者の存在も否定し得ない。また、そもそも自己が存在するのは、父母の生命を受け継いだからである。それゆえ、自己の主観を離れて、世界は客観的に存在すると認識せざるを得ない。幻影論が有効なのは、修行の手段としてのみである。

宗教において、世界の起源は、多くの場合、宇宙の起源として語られる。古代に現れた宗教が依拠する宇宙起源神話の代表的なものに、創造型と生成型がある。創造型には、神が言葉を発して無から宇宙を創造したとする説、神が有（素材、実体等）から宇宙万物を造作したとする説等がある。生成型には、有（一なるもの）が流出して万物が生成したとする説、原人が死んでその身体の各部から万物が誕生したとする説、男性的なものと女性的なもの、または精神的なものと物質的なものの相互作用によって世界が生産されたとする説等がある。最も特異なのは初期仏教であり、宇宙の起源には関わらず、世界の成り立ちを縁起の理法によって説明する。

宗教的な宇宙論で最も重要なのは、宇宙を混沌とした状態（カオス）と秩序を持つもの（コスモス）との対比によってとらえていることである。混沌に秩序を与えるものを、非人格的な力や理法または人格的な神ととらえ、その法則または意思を認識し、それに従って生きようとすることが、宗教的な生き方の根本になっている。

人間が生活する世界の成り立ちについては、空間的な次元と時間的な次元が示される。

宗教的な空間論は、多くの場合、中心と周辺という構造を持つ。中心は、生命の根源や万物の根拠と感じられる特別の場所である。その中心から周辺が広がる。世界に秩序をもたらしているのは「聖なる中心」であり、それとの結びつきによって、人間の生に意味が与えられる。中心―周辺の構造は、現実的な生活空間の成り立ちではなく、人間の心の構造に基づく象徴的なものと考えられる。「聖なる中心」と心の構造については、第7章で述べる。

空間は、しばしば聖なる場所と俗なる場所に二分される。聖なる場所とは、神、仏、祖霊等に関係づけられる特別の場所であり、象徴的な標識を用いてそれ以外の場所と区別される。神域、聖所、結界等に入るには、心のあり方を正したり、身体を浄めたりしなければならない。宗教の開祖に関係する場所が聖地とされたり、山や河川等の自然物が聖なる対象とされることもある。

宗教的な時間論は、時間を生命と一体のものであり、生きられる時間ととらえる。その時間論は、円環的かつ反復的な時間論と直線的かつ一回的な時間論に分けられる。

円環的かつ反復的な時間論は、神話に基づく儀礼に見られる。神話の物語は、世界と人間のはじまりの記憶を呼び覚ます。儀礼の参加者は、始源への回帰によって、死と再生を象徴的に体験する。エリアーデは、こうした神話を「永遠回帰の神話」と呼び、次のように書いている。「世界の創造は年ごとに更新される。宇宙開闢のわざを永遠に繰り返すことは、正月ごとに一つの時代の開始へと変化せしめることにより、死者に生命を返還することを許し、信者たちに肉体的復活の希望をつながせる」と。彼はこうした見方から、宗教を「いずれの文化にも漏れなく観察される『永遠回帰の神話』に象徴されるような、人類の完全な原初の世界に立ち戻ろうとする欲求の表現」（『永遠回帰の神話』）と定義している。

円環的かつ反復的な時間論は、ヒンドゥー教、仏教、儒教、道教、神道等に広く見られる。ヒンドゥー教では、宇宙は一回限りのものではなく、創造と維持と破壊を果てしなく繰り返すと考える。こうした宇宙において、生命あるものは死と再生を限りなく繰り返すととらえ、その輪廻転生からの脱却を実践の目的とする。仏教も同様である

古代の世界で特異な時間論を説いたのが、ユダヤ教である。その時間論が直線的かつ一回的な時間論である。ユダヤ教は、直線的に時間が進行する歴史の中で、世の終わりを想定し、終末における救済を求める。ここに、歴史に意味を見出し、将来に目標を置く宗教が出現した。人類の歴史で直線的かつ一回的な時間論の登場は、画期的なことだった。この世界には終わりがあるという考え方は、インドにもギリシャ等にもあるが、ユダヤ教の終末論が独特なのは、世の終わりに救世主が出現し、最後の審判が行われ、救われて永遠の生命を与えられる者と、永遠の死に置かれる者とに分けられるとしたことである。この思想によって、前進的・進行的な歴史に意味がもたらされた。こうした思想の原型は、イ

ランのゾロアスター教に見ることができる。

ユダヤ教から派生したキリスト教は、救世主がイエスとして現れたとし、最後の審判が近づいていると説く。終末に向かう人類の歴史を肯定し、救世主の再来を現実的な将来に起る出来事として予言したところに、キリスト教の世界史的な重要性がある。

キリスト教は、近代西洋文明が世界に広がるとともに、諸大陸で伝道を行った。そして、直線的かつ一回的な時間論に基づく世界観を広く浸透させてきた。歴史の肯定は、科学による進歩を無批判に信奉する考えを生み出し、人類に危機をもたらすことになった。

ところで、宗教的世界観の特徴は、この世界だけでなく、別の世界の存在を想定していることである。人は死んだ後、別の世界へ行くという観念は、世界に広く見られる。この場合の他界は、来世と重なり合う。また、人間より優れた神々や天使等が住む世界があるという観念も多く見られる。この場合の他界は、理想的な世界と重なり合う。

他界のある場所は、近傍か遠方か、水平方向か垂直方向かに分かれる。近傍に想定するものには、人の暮らす場所の近くに祖霊が居て、そこから子孫を見守っているというイメージが見られる。遠方に想定するものには、居住地や現世と隔絶した場所のイメージが見られる。水平方向に想定するものは、海の彼方（古代日本の常世、沖縄のニライカナイ等）

や西方の果て（仏教の西方浄土等）が代表的である。垂直方向に想定するものは、天上の素晴らしい世界（キリスト教の天国、ヒンドゥー教の天界、日本の高天原等）や地下の恐るべき世界（古代ギリシャのハデス、仏教の地獄、日本の黄泉・根の国・底つ国等）が代表的である。

また、多くの宗教において、現世の人間と他界の祖霊、神々、天使等の間で意思の交通ができると信じられてきた。その交通は、特殊な霊的能力を持つ者が現世と他界を媒介する場合が多いが、他界から死者が一時的に現世に帰って来て、また他界に戻るまでの期間において可能になるという考えも広く見られる。

宗教的世界観は、このように世界の起源、成り立ち、終り、再生等に関わるとともに、宇宙論、他界論、来世論までを含んでいる。こうした世界観は、その宗教の実在観とも深く関係している。

●実在観

実在観とは、究極的な実在についての思想である。究極的実在とは、それからすべてのものが発する本源であり、永遠なるものであり、また真の実在である。宗教的実在観は、この究極的実在を神、一なるもの、ブラフマン、理法、道等ととらえる。そして、世界と人間は、究極的実在によって創造されたもの、または究極的実在が生成したものと考える。宗教の中には、究極的実在を否定する立場もあるが、本書では、否定的な思想を含めて、実在観とする。

実在をどのようにとらえるかによって、肯定的・否定的、一元論的・二元論的・多元論的、人格的・非人格的等に、見方が分かれる。

西アジアや中東に現れた宗教の多くは、究極的実在について肯定的であり、これを一元論的にとらえる。その典型が唯一神教のユダヤ教、キリスト教、イスラーム教である。

ユダヤ教の神ヤーウェは、「わたしはある。わたしはあるという者だ」（『出エジプト記』三章十四節、新共同訳、以下同じ）と述べる。ここで「ある」とは「有（う）」の状態であり、真の実在であることを示唆する。「ある」という神の規定は、キリスト教とイスラーム教の神学の基礎ともなった。

キリスト教及びイスラーム教に理論的な影響を与えたアリストテレスは、普遍と特殊という対概念を用いた。例えば、「ソクラテスは人間である」という命題において、ソクラテスは特殊、人間は普遍である。「人間は生物である」という命題において、人間は特殊であり、生物は普遍である。このようにして、特殊と普遍の関係を繰り返していくと、最終的な普遍は「有るもの（存在者）」に至る。そこから、究極的実在を有とし、存在を神とする思想が理論化された。

古代の西アジアや地中海地域では、唯一神教が出現する前に一時、二元論的な宗教が勢力を誇った。ペルシャのゾロアスター教は、世界の最初に二つの対立する霊があり、善霊は生命・真理、悪霊は死・虚偽を選んだとする。世界は光の神である最高神アフラ・マズダと大魔王アンラ・マンユ（アーリマン）の両勢力の対立・闘争の場であり、最後の審判で善の勢力が勝利し、理想世界が実現すると説く。ゾロアスター教の影響を受けたマニ教は、宇宙は光・善・精神と闇・悪・物質の二項の対立に基づくとし、これらの二項が明確に分けられていた始源の宇宙への回帰と救済を説いた。こうした二元論は、神と悪魔の対立として、唯一神教の教義の中に取り込まれた。

インドでは、究極的実在に肯定的であり、これを有とする考え方が主流である。インドの神話の中には、「一なるもの」（唯一物、エーカ）が展開して宇宙が創造されたとするものがある。ヴェーダの宗教におけるブラフマンは、この「一なるもの」を宇宙の根本原理ととらえたのである。これは、真実在を非人格的なものとする一元論である。

ヒンドゥー教の実在観には、一元論だけでなく、二元論、多元論もある。その多くは、実在を人格的なものとするが、非人格的とする説もある。六派哲学の一つサーンキヤ学派は、宇宙の根本原理として精神原理プルシャと物質原理プラクリティを立てる二元論である。だが、多数の霊魂を説くので、その点では多元論的な性格も持つ。ヴァイシェーシカ学派は、事物を原子の集積ととらえ、実体、本質等の六つの範疇（句義）で物事を説明する。この学派は、精神から独立した多数の実在物を認める多元論である。

インドに現れた宗教のうち、仏教は究極的な実在に否定的である。すべてのものは、様々な因（直接的原因）や縁（間接的条件）によって生まれるとする縁起の理法を説く。また、「諸法無我」即ち「あらゆるものは因縁によって生じ、不変の実体である我（アートマン）は存在しない」とし、「諸行無常」即ち「あらゆる現象は変化し、恒常的なものは皆無である」と説く。こうした教えを発展させたところに、空（シューニャ）の思想が登場した。空の思想は、究極的実在について強く否定的である。般若経典は、解脱を目指す修行において、すべての存在者を空と観じ、執着を絶つべきことを説く。般若心経の「色即是空、空即是色」は、「諸法皆空」の思想を表す名句である。縁起説によれば、すべてのものは原因・条件の結果として成り立っており、何一つとしてそれ自体で存在するものはない。これを竜樹（ナーガールジュナ）は本性・実体がないとして、無自性すなわち空であると説いた。自性空ともいう。竜樹の空論は、それ自体で存在する実体を否定し、すべてのものを関係においてとらえる見方である。だが、事物の関係がそこにおいて生滅変化する場所の存在を否定することはできない。そこで彼の後に、空を相対的な有無を超えた絶対を表す概念とする思想が現れた。この場合の空は究極的実在であり、これを人格化して宇宙の本体を仏としてとらえれば、有神教的な実在観に転じる。

シナには、究極的実在を有ではなく、無としての道（タオ）であると説く思想が現れた。老子に帰される思想である。道教は老子を始祖とし、一部の宗派は老子を神格化した太上老君を最高神とする。『老子道徳経』は、人間社会から宇宙までを貫く根本的な原理にして万物の本源であるものを道と呼び、その道を無とする。ここで無は有の否定または欠如ではなく、名づけられないもの、すなわち言語で規定できないものであることを示唆する。

無としての道は、有を生む生成力でもある。「天下の物は有より生じ、有は無より生ず」（第四十章）、また、「道は一を生じ、一は二を生じ、二は三を生じ、三は万物を生ず。万物は影を負い陽を抱き、沖気以て和を為す」（第四十二章）という。ここで「一」は有としての気、「二」は気の両極としての陰陽、「三」は陰陽の和合による沖気と解釈できる。また、同書は、道の働きを徳という。徳は、本体としての道に対する作用ともいえる。道から生じる徳の働きが、万物を養い育てる。人間は、道の示す理法を規範として生きるべきものであり、その規範を道徳という。道徳は、儒教が説くような人為的な決めごとではなく、自然の道理とされる。

道教は、あらゆる事物を陰陽でとらえる点では、二元論的な側面を持っている。陰陽は、光と闇、昼と夜、男と女等の対概念を抽象化したものである。だが、道教は究極的実在を道としており、根本的には一元論的である。また、道教は、ゾロアスター教とその影響を受けた中東の宗教が対立闘争的であるのに対し、陰陽の調和を重んじるという特徴を持つ。こうした道教の思想は、儒教や日本の神道に深く影響を与えている。

宗教においては、究極的実在を人格化して神と仰ぐものが多いが、神の概念には他にも様々なものがある。神の定義と分類については、第3章に別途書く。

宗教の教義は、究極的実在との関係で、人間の起源や世界の成り立ち等を説く。それゆえ、実在観は人間観、世界観と不離一体である。

教義は、その宗教の人間観、世界観、実在観を表すとともに、それらをもとに人生の目的や信仰の対象、修行の目標等を示し、実践の方法や生活の仕方を教えるものとなっている。そして、それぞれの宗教において、その教義は真理を解き明かすものと信じられている。真理とは、有神教では神の定めた根本原理であり、無神教では永遠不変の理法である。だが、真理は単に普遍的な原理・理法であるだけではなく、同時に万有生成の原動力でもある。抽象的な法則ではなく、具体的な力として躍動し、作用するものである。従来の宗教は、真理の存在を示唆するのみで、まだ真理そのものを解明・体得し得ていない。また、古代に現れた宗教は、科学が発達するに従って、教義の中に科学的な法則や知見と矛盾することが多くなっている。それらの宗教は、もはや発展的に解消を遂げるべき歴史的な段階を迎えている。

（２）組織――構造的要素２

宗教の構造的要素の第二は、組織である。ここでいう組織は、宗教特有の組織であり、一般に宗教集団という。宗教集団は、宗教の活動を行う集団であり、教義を信奉し、儀礼を執行するとともに、人的な成員と物的な施設を所有する。

宗教集団には、血縁的・地縁的な共同体が同時に宗教的な集団でもあるものや、信仰をもとにした社縁的な共同体であるものがある。前者を自然的宗教集団、後者を特殊的宗教集団という。

自然的宗教集団は、自然に成立している社会集団がそのまま宗教活動を行う集団と合致しているものである。氏族的・部族的な宗教における氏族・部族、民族宗教における民族、特定の宗教を国教としている場合の国民等がある。宗教集団が社会集団と合致しているという意味から合致的宗教集団、社会集団に従属しているという意味から従属的宗教集団ともいう。

民族宗教であるユダヤ教、ヒンドゥー教、神道等の宗教集団は、自然的宗教集団に近い。ただし、今日のイスラエルは政教分離の国家であって、国民にはユダヤ教徒だけでなく、イスラーム教徒、キリスト教徒等もいる。インドも政教分離の国家であり、ヒンドゥー教を国教としていない。日本も同様であり、国民全体が神道の伝統を守っている集団ということができる反面、自覚的な神道の信奉者はその一部に限られる。

特殊的宗教集団は、特定の宗教や宗派の活動を行うことを目的として組織された集団である。同一の教義を信奉し、共同で儀礼を実施し、布教伝道を行う。一般にこうした集団を、教団または宗教団体という。わが国の宗教法人法は、宗教団体を「宗教の教義をひろめ、儀式行事を行い、及び信者を教化育成することを主たる目的とする」団体と定義している。

キリスト教の教派やイスラーム教・仏教の宗派のほか、伝統的な宗教に分類できない新宗教や、伝統的な宗教の系統であっても新たに設立された集団等は、特殊的宗教集団に分類される。

宗教集団は、多くの場合、特別の権威や能力、資格を持った聖職者、指導者、専従者を持つ。ユダヤ教におけるラビ（祭司、律法学者）、キリスト教における神父・牧師、イスラーム教における法学者、ヒンドゥー教におけるバラモン（祭官）やグル（師）、仏教における僧侶、神道における神職等である。歴史的には、古代のエジプト、メソポタミア等における神官、シナにおける巫覡等が存在した。こうした職能者の集団は、独自の位階制度や能力開発の体系を持つ。

さて、人間には個人性と社会性がある。それゆえ、宗教にも個人性と社会性がある。宗教の社会性は、集団の組織化や機構の制度化に現れる。宗教集団の規模が大きくなれば、権威と権力による組織運営が必要となる。これに対し、宗教の個人性は、信仰に基づく個人の体験や自覚によって深められる。宗教が社会性に傾き、個人性を軽視したら、形式化・

形骸化に陥る。古代・中世のキリスト教において、個人性の方面は、修道生活において実践された。ただし、修道生活もまた集団で行う場合、集団の組織化と機構の制度化が必要になった。今日の世界では、古代的な宗教が強固な組織を維持している反面、人々はその束縛からの自由を求め、個人の価値観が尊重される傾向が強まっている。それによって、既存の宗教の組織は徐々に流動化しつつある。

（3）実践――構造的要素3

宗教の構造的要素の第三は、実践である。宗教的な実践には、儀礼、信仰、修行がある。

●儀礼

宗教的実践の第一は、儀礼（ritual）である。儀礼は、一定の形式、順序、規則に基づく象徴的な行為の体系である。

儀礼以外の術語として、儀式（ceremony）は儀礼の中の式そのものをいう。神、仏、霊等を祀る儀式を、祭儀（rite）という。祭典（festival）は、特定の日に行う行事をいい、儀式だけでなく芸能等を含む。神道では神社の祭りを祭礼、儀式の順序と行事作法を祭式という。宗教学では、こうした種々の術語の上位概念として、儀礼が使われる。本書は、これにならう。

儀礼における象徴的行為の要素には、場所、言葉、道具、動作がある。場所は、特定の意味を持つ場所で行われることが多い。言葉には、呪文、讃歌、真言、題目、祝詞等がある。道具には、祭壇、仏壇、神像、祭具、神具等がある。動作には、低頭、拝跪、柏手、舞踊等がある。これらの要素が組み合わされて行為の体系を形作る。

社会学者のエミール・デュルケームは、儀礼を消極的儀礼と積極的儀礼に分けた。

消極的儀礼は否定的な性格を持ち、何々をしてはならないという禁止・禁忌を中心とする儀礼である。聖と俗を分離し、聖なるものとの関わりを禁じるものである。この典型がタブーである。タブーは対象を見たり、触れたりすることを禁じ、これに違反すると災厄に見舞われるとされる行為である。神聖化されたものの清浄を保つためと、不浄なものの穢れを避けるためという両義性を持つ。

積極的儀礼は肯定的な性格を持ち、それを行うことで、超越的な力や存在との交流を図る儀礼である。分離された聖と俗の結合を図り、神聖化されることを目指すものである。

この典型が供犠と祈祷である。供犠は、神に生贄または供物を捧げる儀礼である。動物、農作物、酒等を捧げる奉献と、捧げたものを共に食べる共餐という二つの過程を持つ。奉献は人身御供を原型とし、神と人とが交流する行為である。捧げられたものは神によって浄められ、生命力または霊力が充満する。共餐は、それを分かち合って食することであり、神との結合及び信者同士の共同性が成立し、また更新される。祈祷は、神、仏、霊等に祈ることである。発声を行う声祷と、それを行わない黙祷がある。言葉を用いることで、崇拝する対象に思いを伝える。この呼びかけへの応答を得ることが、超越的なものとの交流となる。

人類学者のE・D・チャプルとC・S・クーンは、個人または集団の危機との関係によって、儀礼を通過儀礼と強化儀礼に区別した。通過儀礼は、個人がある状態から他の状態に移行する際に生じる危機を克服するために行う儀礼である。誕生、成人、結婚、妊娠、出産、死亡等の人生の諸段階において行われる。人生儀礼ともいう。それらのうち、未成年が成人の仲間入りをする加入儀礼は、子どもが母親から離れて、恐怖や危険を体験し、象徴的に一度死んで大人として生まれ変わって、社会の正式な一員となるものである。また、葬送儀礼は、死者がこの世から旅立って、他界に移り、そこで霊魂として再生する過程を象徴的に表現する。

強化儀礼は、集団が直面する危機を乗り越えたり、集団の幸福や繁栄を促進したりするために行う儀礼である。定期的なものには、農耕、狩猟、漁労等の経済活動に関わる生産儀礼や、共同体にとって重要な出来事や人物を想起する記念儀礼がある。暦に則って行うので、暦程儀礼ともいう。臨時的なものには、雨乞い、厄病祓い、戦勝祈願等がある。共同体の存続に関わる難局で行うものゆえ、難局儀礼ともいう。

儀礼のうち最も注目すべきものは、始源回帰儀礼である。人間は時間的・空間的に有限の存在である。そのことを自覚するとき、しばしば母胎とイメージされる生命の本源に回帰したり、本来の状態である宇宙との一体性を回復したいという願望が生まれる。こうした願望に基づく行為が、始源回帰儀礼である。

始源回帰儀礼では、日常の世界・時間・空間が否定され、宇宙と生命の始源への回帰が図られる。始源とは、万物が未分化で無差別であり、固定された秩序（コスモス）が形成される以前の混沌（カオス）である。儀礼を行う集団は、始源に回帰し、そこで死んで再生することを象徴的に体験する。生命の本源と再結合することで生命力が強化され、また宇宙との一体性を再確認する。同時に、世界そのものも再生され、日常の世界が深く意味づけ直される。始源回帰儀礼は、様々な儀礼に表れる「死と再生のシンボリズム」（エリアーデ）の典型であり、「永遠回帰の神話」（同右）に基づく象徴的な行為である。この儀礼が目指すものは、全体性の回復ともいえる。全体性とは、個人においては母胎における母子の未生的一体性、人類においては意識と万物が分離していなかった原始的一体性、宇宙においては宇宙開闢前の絶対的一体性の重層的な総体である。

●信仰

宗教的実践の第二は、信仰（faith）である。儀礼が宗教的実践の行為的な側面を表すのに対し、信仰は意識的な側面を表す。

信仰は、神、仏、霊等を信じ、崇めることである。信仰には、必ず対象がある。その対象は、信仰者に救済、加護、善導、啓発等をもたらすものとして仰がれる。信仰とは、その対象を信頼し、自己を委ね、それに従う心的態度をいう。

どの宗教にも崇拝対象があり、その対象の前で儀礼を行う。信仰は、その対象に向う、より自覚的な態度である。信仰の内容は、心の拠り所となり、思想・信念の中核を形成する。

儀礼を中心とする宗教の場合、行為の体系が形式化・慣習化して、信仰という意識的・内面的な要素が薄くなる傾向がある。

信仰の対象は、人間や自然を超えた力や存在である。人間の知識や経験ではとらえきれないものである。信仰は、その超越的な力や存在に関する単なる知識によってではなく、何らかの体験を通じて形成される。信仰は理性を否定するものではないが、理性の働きのみによっては成立しない。宗教の中には、複雑高度に教理・教学を発達させているものがあるが、それらの教義の体系も、遡れば体験に基づいて形成されてきたものであって、土台にある体験こそ、信仰の生命である。

信仰は、様々な活動を生み出す。教義を広めるための布教、信者の教化育成、社会的な慈善・福祉等である。そうした活動が宗教組織の自利的な目的によるものか、人々への愛と慈悲の表れであるのかによって、その宗教の社会的な評価が分かれる。

●修行

宗教的実践の第三は、修行（training）である。修行は、儀礼の一種とされる行為であるとともに、信仰の目的を積極的に追求する行為でもある。

修行は、宗教の教義の下に行う自覚的な修練である。修行の目的は、身体を訓練して、欲望を抑え、生理的な欲求を禁じることによって、精神の浄化や向上を図り、さらに人格の完成、真理の悟得、超越的なものとの交流や合一を達成することである。

修行の方法で比較的容易なのは、簡単なことを反復して、精神の集中・統一を図るものである。声を発して祈祷の言葉を唱える、経典を音読する、同時に手を動かして儀礼用の楽器を叩く等がこれである。より難しい方法には、滝に打たれる禊、霊山の登拝、聖地の巡礼、ヨーガ、座禅等がある。イスラーム教では、信徒は定期的に断食を行う。また、様々な宗教には、種々の苦難を自らに課す難行苦行もある。

修行は、日常生活で行う実践とは別に、錬成の機会を設けて行う場合が多い。さらに出家者や修道者にあっては、生活の全体が修行となる。多くの宗教は、修行上で守るべき禁欲的・克己的な規則や戒律を定めている。また、逆に俗世間にありながら、日常生活そのものを修行として努力精進する生き方もある。

宗教的実践については、別途第5章に苦悩と死の問題を中心に書く。

（４）体験——構造的要素４

これまで、宗教の構造的要素として、教義、組織、実践の三つについて書いた。これらに加えて第四の構造的要素として、体験がある。

脇本平也は、宗教の構造的要素を教義、儀礼、教団とし、これらは「人間における内的な宗教体験という第四の要素を源泉とし、そこから発展したものであり、そこから流れ出てきたもの」とする。この指摘は重要である。源泉という意味では、体験は宗教における第一の要素であり、かつ不可欠の要素である。教義は、体験内容の言語化・体系化であり、組織は体験を共有する者の集団であり、実践は体験に基づき、体験を深めるための行為である。

宗教体験には、体験をする主体、感得される対象、体験の内容という三つの側面がある。体験をする主体は、集団の場合と個人の場合がある。個人といっても、集団の一員として主体性を共同で担い、体験を共有することが多い。主体によって感得される対象は、理性的な理解が可能とは限らない。究極的な実在や超自然的な力は、人智による理解を超えている。体験の内容には、日常的な体験とは異なる何らかの神秘的な側面がある。神秘とは、通常の感覚、普通の認識を超えた事柄、及び言葉によって合理的に表現・説明できない性質・状態である。

宗教活動の中で、特に強烈な神秘体験を重視し、それを中心として成立する宗教現象やそれを積極的に求める思想・活動を、神秘主義（mysticism）と呼ぶ。神秘体験の後にその体験者が自分の体験を解釈して表現したものが、神秘思想である。神秘思想では「光り輝く闇」「沈黙の声」等の比喩や逆説、象徴による表現が多く使われる。通常の言語表現では表現できないものを示唆する表現である。体験に基づく神秘主義を全く否定するならば、その宗教は形式化・形骸化し、精神・生命を失う。一方、理性に基づく合理主義を全く否定するならば、その宗教は迷信と妄想に陥り、社会に混乱を生み出す。

宗教体験の内容については、別途第４章に具体的に書く。

（5）機能

宗教には、固有の構造とともに、独自の機能がある。宗教の機能には、個人に対する機能と社会に対する機能がある。

個人に対する機能には、心の支えや人生の指針を与える機能、生命力を発揮・強化する機能、ストレスや葛藤・不安を解消する機能、災難を避け幸福を増進する機能、家族関係・対人関係の問題を解決に導く機能、人格の成長・向上を促進する機能、死の恐怖や苦痛を緩和・除去する機能、魂を救済する機能等がある。

社会に対する機能には、まず個人に対する機能を集団的・共同的に実現するものがある。それに加えて、社会を統合する機能、社会に規範を与える機能、社会の繁栄・発展を促す機能、社会を危機の克服に導く機能、社会の変革を推進する機能、国家の形成や興隆を促進する機能、諸民族・諸国家にまたがる文明の中核的な役割を果たす機能等がある。

個人に対する機能は、個人が体験する内容と多くの部分で重なり合う。体験については、第４章に書く。社会に対する機能については第６章、また個人と社会の両方に関わることは第７章に書く。

以上、宗教の構造と機能について述べたが、私は、個別の宗教について書く時には、教義、組織、実践、生活の四項目に分けることを基本としている。構造的要素のうち体験は、実践と生活の項目に含める。生活の項目では、宗教活動だけでなく、その宗教が関わる社会や文化の慣習や制度等についても述べる。機能に関しては、それぞれの項目で言及する。このようにしたほうが、個々の宗教の特徴を表しやすいからである。

関連掲示

・213―18「ユダヤ的価値観の超克～新文明創造のために」
・213―22「キリスト教の運命～終末的完成か発展的解消か」
・213―17「イスラームの宗教と文明～その過去・現在・将来」
・210―16「インド文明のダルマ～ヒンドゥー教を中心に」
・213―06「日本文明の宗教的中核としての神道」

第3章　神とは何か

（1）神と呼ばれるもの

本書では、これまでしばしば神について触れてきた。宗教は、神を立てるか立てないか、有神的か無神的かで大別することができる。宗教の大多数を占める有神教において、教義は、その宗教の神の概念と深く関係している。また、神は儀礼の対象であり、修行の目標となっている場合もある。

神とは何か。何を以って神と呼ぶのか。身近にある代表的な事典・辞典を見てみよう。『世界大百科事典』（平凡社）第二版は、神を次のように解説している。「神観念の内容は、それを分類し整理し定義する方法のいかんによって大きな変化を示す。哲学者はそれを万物の存在根拠であり絶対者であると考え、神学者は超越的な救済神であるとみなした。また神話学者はそれを自然神とか擬人神といった枠組で分類し、宗教人類学者は死霊や精霊や祖霊、あるいはマナのような呪力と神々との相互連関の問題をとりあげた。そのほか一神教と多神教の両極をたてて、その中間領域に様々な神観念の変化型を指摘する宗教学者もいれば、神観念の発達にも進化と退化があったとする社会学者もいた」と。

『ブリタニカ国際百科大事典』は、神を「宗教信仰の対象」とし、一般に「絶対的、超越的な存在」とされると指摘している。また、原始信仰では人間を超えた力と考えられていて、高度な宗教では「超越的な力を有する人格的存在」とされることが一般的としている。『百科事典マイペディア』は、神を「その実在を信じる立場からは、全知・全能・至善・至純・永遠といった最大級の言辞をもって形容され、世界の創造者、万物の根拠、救済者等と表象され、崇拝される超人間的な霊の称」と定義している。

『広辞苑』第五版は、概略次のように解説している。①「人間を超越した威力を持つ、かくれた存在。人知を以ってはかることのできない能力を持ち、人類に禍福を降すと考えられる威霊。人間が畏怖し、また信仰の対象とするもの」、②「日本の神話に登場する人格神」、③「最高の支配者。天皇」、④「神社などに奉祀される霊」、⑤「人間に危害を及ぼし、怖れられているもの」、⑥「キリスト教で、宇宙を創造して支配する、全知全能の絶対者。上帝。天帝」。

これらを簡単に要約すれば、神とは「万物の存在根拠であり絶対者」「絶対的、超越的な存在」「超越的な力を有する人格的存在」「世界の創造者、万物の根拠、救済者」「人間が畏怖し、また信仰の対象とするもの」等と定義し得るものである。そうした存在は、必ずしも神という名称で呼ばれるものに限らない。それゆえ、本書において、神には、法を人格化したり、仏陀や如来・菩薩等を神格化している場合を含むことにする。

(2) 神の分類

上記のように様々な定義が試みられてきた神の概念は、主に六つに分類できる。①人間神、②自然神、③宇宙神、④超越神、⑤言語神、⑥理力神である。

人間神は主に実在の人間を神として尊崇するもの、自然神は自然の事物や現象を神格化したもの、宇宙神は宇宙全体・一切万有を神格化したもの、超越神は宇宙を無から創造した主体を神とするもの、言語神は言葉の持つ神秘的な力を神格化したもの、理力神は宇宙の根本的な原理にして一切万有を生ぜしめる原動力を神とするものである。次にその概要を記す。

①人間神

人間神とは、主に実在の人間を尊崇するものである。祖先、首長、偉人、英雄、聖者等が神として崇拝される。生前から神格化されている場合と、死後、神格化される場合がある。前者は生き神であり、後者は霊的存在である。ともに、もとは人間が神に成り上がったものである。「人間の神格化」である。

アニミズム及びシャーマニズムでは、祖先の霊を神と祀る祖先崇拝が広く見られる。神道におけるミコト（命・尊）やカミには、祖先の霊を神とするものがある。祖先神の祭りを司る王を、祭祀王という。祭祀王は世界各地の原始的な宗教や古代の宗教に見られ、しばしば人にして神とされてきた。日本ではオオキミ（大王）をスメラミコト（統治者）と呼び、シナの天命思想を摂取した後は、天皇と尊称するようになった。天皇はアキツミカミ（現津御神）、アラヒトガミ（現人神）とされ、死後は歴代の天皇霊とともに神として祀られる。これは、祭祀王の神格化の一例である。

人間の神格化には、しばしば現象が本質を、部分が全体を、普通のものが最高のものを象徴する心理作用が働いている。人間神は、宇宙神と一体にまで高められた場合や超越神の現れとされる場合がある。前者の例には、英雄から最高神ヴィシュヌの化身とされたクリシュナ、後者の例には、磔刑にあったイエスを救世主としたイエス・キリスト等がある。

人間神と普通の人間の間には、神として尊崇される者と、人間として尊崇する者という関係がある。祖先の霊である人間神に対しては、子孫として崇拝・慰霊することが求められる。首長、偉人、英雄、聖者またはその霊である神に対しては、尊敬し模範とすることが求められる。宇宙神または超越神となった人間神に対しては、絶対的な帰依が求められる。

人間神には人物ではなく人間の行為や能力、人間が生み出した観念等を神格化したものもある。そのうち特に重要なものは、言語に関するものである。その点については、⑤の言語神の項目に書く。

②自然神

自然神は、自然の事物や現象を神格化したものである。動物には蛇、犬、熊、狐等、植物には巨木、老木等、天体には太陽、月、北極星等、それら以外の事物・現象には光、海、山、風等がある。「自然の神格化」である。

自然神は、上記のような事物・現象を擬人化したものだが、龍のような想像上のものもある。人間と動物の両面を持つ獣頭人身、半獣半人の神も、同じく想像上のものである。

自然を天空と大地に分け、神として崇拝する伝統は、世界に広く見られる。天空父神と大地母神は、しばしば対になっている。天空父神は、古代ユーラシアの遊牧民族に広く見られる。それが、宇宙を支配する神と考えられる場合は、宇宙神に近い性格を持つ。

神道では、天照大神は太陽、素戔嗚尊（スサノヲノミコト）は海または風を神格化したものである。天照大神は、皇室の祖先神ともされ、人間神と自然神が合体している。

自然神には、人間から見て位の高いものや位の低いものがある。位の高いものは、人間が拝跪して礼拝する奉仕が行われる。例えば天空父神に対して、人間はその意思に従うべきものとされる。位の低いものは、呼び出して加護を要求したり、操作したりする。例えば動物霊の神に対して、その動物特有の能力による働きを求める。

③宇宙神

宇宙神とは、宇宙全体・一切万有を神として神格化したものである。自然神との違いは、動物、植物、天体、天地等の個々の事物・現象ではなく、宇宙全体を神ととらえる点である。「宇宙の神格化」である。

インドでは、ヴェーダの宗教で、ブラフマン（梵）を宇宙の根本原理、アートマン（我）を個体の精神原理とし、それらの同一を説く梵我一如の思想が発達した。ブラフマンは、「拡大する」「膨張する」という意味の動詞語幹ブルフ（brh）の派生語で、そこから拡大・

膨張の源となる力を意味した。さらにヴェーダの賛歌や呪詞、またそれらに内在する物事を実現する神秘的な力を意味し、哲学的な思索によって万有創造の根源力ないし宇宙の根本原理の意味を持つことになった。それゆえ、宇宙神であるが、素朴ながら⑥の理力神としての性格を併せ持つ。先住民族の信仰を吸収したヒンドゥー教では、ブラフマンに代わってヴィシュヌとシヴァが主に信仰され、それぞれを最高神とする宗派が併存している。その一方、宇宙の創造・維持・破壊の働きを神格化して、創造の神ブラフマー、維持の神ヴィシュヌ、破壊の神シヴァの一体を説く三神一体論（トリムールティ）も一部に見られる。この場合の三神も宇宙神である。

仏教は本来、無神教である。だが、ヒンドゥー教の影響を受けた大乗仏教及び密教の法身仏は、永遠なる宇宙の理法そのものにして仏の本身とされる。これも宇宙神の一形態であり、また理力神に近い性格を併せ持っている。

シナでは、天地、宇宙、万物を創造し支配する神を天帝とする天命思想が発達した。天命思想は儒教、道教、墨家に共通する。この場合の天帝は、自然神というより宇宙神である。元始天尊、上帝、天皇大帝等とも呼ばれる。

神道の天之御中主神は、その名称から明らかなように「天の中心」にあるものであり、北極星を神格化したものと見られる。その点では自然神だが、より象徴的に「宇宙の中心」にして万物の本源でもある宇宙神とも考えらえる。この場合は、その本源の神から八百万の神々が現れているということになる。

天之御中主神は、道教における道または易における太極に相当し、高御産巣日神（タカミムスビノカミ）、神産巣日神（カミムスビノカミ）は、陰陽の両極に相当する。陰陽は昼と夜、男と女、天と地、海と陸等の両極性を抽象化した概念である。わが国では、天の中心や「ムスビ」という日本的な概念に置き換えて、道・太極と陰陽を神話的に表現したのだろう。このような考察を加えるならば、天之御中主神は、宇宙神でありつつ、⑥で述べる理力神に近い性格を秘めていることがわかる。

宇宙神は宇宙全体・一切万有を神格化したものゆえ、人間はその一部である。人間は身体によって限定され、また死すべきものであるが、その本質においては宇宙の一部であり、永遠不死である。その自覚が高まるとき、宇宙の本源への回帰、全体性の回復を目指すことが願望される。その状態の悟達をヒンドゥー教では、ブラフマンとアートマンの梵我一如、ヴィシュヌまたはシヴァと人間の神人合一という。

④超越神

超越神は、宇宙を無から創造したとされる神である。この場合、宇宙は神ではなく、神の被造物とされる。宇宙神との違いは、宇宙神は宇宙全体・一切万有を神格化したものであるのに対し、超越神は宇宙をその外から創造したとする点である。超越神の概念の起源は、祖先神または宇宙神に求められる。前者であれば、「人間の神格化＋超越化」であり、後者であれば「宇宙の神格化＋超越化」である。

ユダヤ教及びキリスト教の神ヤーウェ、イスラーム教の神アッラーは、超越神である。これらの超越神は、人格神である。人類の歴史に介入し、ユダヤ民族を「神の民」として選び、契約を結び、律法を与え、預言者を通じて人間に語ったなどとする。

キリスト教の主流では、この超越神が人間となって現れたものがイエス・キリストであり、イエス・キリストは人となった神だととらえる。主流とは、ローマ・カトリック教会、東方正教会、プロテスタント諸派の多数をいう。同時に、一つの神が「父なる神」、「子なる神」（イエス・キリスト）、聖霊の三つの位格を持つとする三位一体論（トリニティ）を信奉する。これに対し、ユダヤ教、イスラーム教では、神が人となるという考え方を認めない。

超越神から神話的な要素を除くと③の宇宙神に近づき、さらに合理的な考察を行うと⑥の理力神に近づく。

超越神は、人間を創造したとされる。神は土からアダムを造り、その鼻から命を吹き込んだ。続いて、男のあばら骨から女（エバ）を造ったなどと説かれる。人間は、創造主の意志に従い、律法を実践するか（ユダヤ教）、神の子イエスの教えに従うか（キリスト教）、神の言葉に従うか（イスラーム教）しなければならないと教えられる。

⑤言語神

言語神は、言葉の持つ神秘的な力を神格化したものである。古代の諸民族では、儀礼で祈りとして発する言葉には、その言葉通りに物事を実現する力があると信じられた。日本では、言葉に宿る神秘的な霊力を信じ、これを言霊（ことだま）と呼んだ。日本は、言霊の力によって幸せがもたらされる国として、「言霊の幸ふ国」とされた。

古代インドで万有創造の根源力ないし宇宙の根本原理の意味を持つことになったブラフマンは、もとはヴェーダの賛歌や呪詞、またその言葉に内在する物事を実現する神秘的な力を意味した。すなわち、祈祷の言葉及び言葉に内在する力が宇宙神にまで高められたものであり、一種の言語神が宇宙神となったものと見ることができる。

古代ギリシャ人は、人間が動物と区別されるのは、言葉を持つことによると考えた。言葉に当たるギリシャ語はロゴス（logos）であり、ロゴスは理性・理法をも意味した。ギリシャ哲学の影響を受けたキリスト教の『ヨハネによる福音書』は、神は言葉（ロゴス）により万物を創造したとする。「初めに言（ロゴス）があった。言は神と共にあった。言は神であった」（一章一節）。イエス・キリストも言葉が受肉したものとする。「言は肉となって、わたしたちの間に宿られた」（ヨハネ書一章十四節）という。この場合の神及びイエス・キリストは言語神としての性格を持っている。また、ロゴスを理法ととらえる場合は、⑥の理力神に近づく。

人間は、その言葉としての神を信じて、真摯な祈りを行ってその思いが実現されるように、また不用意な言葉を発して災いを招かないように努める。

⑥理力神

理力神は、宇宙の根本的な原理にして、一切万有を生ぜしめる原動力を神とするものである。「理法及び力の神格化」である。最も根本的かつ合理的なとらえ方であり、哲学的・

科学的な神の概念とも一致する。これこそが、真の神の概念である。

理力神は、宇宙の法則にして力であるから、すべてのものは、その現れである。その点で、理力神は、宇宙神を単に森羅万象を現象としてとらえるのではなく、根本原理からとらえた概念と見ることができる。

宇宙の根本原理にして、一切万有を生み出す原動力を神とするならば、神は一つであり、一つでしかあり得ない。人間神、自然神、宇宙神、言語神、超越神は、神の本質を極めることができていないところで象徴化または概念化されたものである。天之御中主神、ブラフマン、法身仏、久遠本仏、元始天尊、ヤーウェ、アッラー等は、みなその絶対唯一の神を、様々な名前とイメージでとらえたものであり、一体異名と考えられる。これらのうち、天之御中主神、ブラフマン、法身仏は、宇宙神でありつつ、素朴ながら理力神としての性格も持っている。

理力神は、非人格的、人格的の二つの面を持つ。本来は、法則にして力ゆえ、非人格的だが、これを人間が人格化してとらえると人格神となる。また、理力神が人間の姿を取って現れたものを、他の人間神と区別して現神人（げんしんじん）という。

理力神は、宇宙の根本原理にして、一切万有を生み出す原動力を神とするものであるから、人間はその原理・原動力によって生成消滅するものとされる。そして、自己は神の一分子、神の一細胞であるという関係にある。人間は、自らを生み出し、その法則に従って生きるべき神の実在に目覚め、神の道に沿った生き方をすることが求められる。

神の概念は、上記のように主に六つに分類できる。宗教によって、それらのうち何を神と認め、仰ぐかが異なる。

有神教には、一神教、多神教、汎神教がある。一神教には、単一神教、拝一神教、唯一神教がある。単一神教及び拝一神教における神は、人間神、自然神、宇宙神、言語神のどれかである。唯一神教における神は、超越神である。キリスト教の三位一体論は、イエス・キリストは人間神であり、かつ超越神であるとする考え方である。また、キリスト教には、超越神が同時に言語神であるとする思想がある。次に、多神教における神は、人間神、自然神が多いが、宇宙神、言語神を祀る場合もある。汎神教における神は、宇宙神である。一切万有は神であり、神と宇宙は同一とし、多数の神々を仰ぐことはしない。また、無から宇宙を創ったとする超越神を認めない。

理力神を絶対唯一の神とする宗教は、従来の世界の諸宗教の中には存在しない。理力神を神とする宗教であっても、単に教えを説くだけで、理法にして力である神の実証を伴わなければ、観念的な教えにとどまる。理力神を絶対唯一の神とし、その神の実証を伴う宗教は、従来の宗教を超えたものとなる。すなわち、超宗教である。

(3) 天皇、キリスト、現神人

神の概念において、最も混乱しやすいのは、人間神が自然神、宇宙神、超越神、理力神と重なり合っている場合である。その例として、天皇、イエス・キリスト、現神人について述べる。

①天皇の場合

天皇という言葉は、もともとシナの道教の用語であり、天皇大帝の略称である。天皇大帝は、天帝の呼び名の一つであり、究極的実在である道を人格化した宇宙神である。日本では、天皇の語をオオキミ（大王）の尊称として取り入れた。大王は、神を祀って政治を行う祭祀王である。

わが国では、天皇の概念は宇宙神としての本来の性格を失っている。皇室は、天照大神を祖先とする。皇祖神・天照大神は、人間神（皇室の祖先）と自然神（太陽）が重合したものである。天皇はその子孫ゆえ、道教の宇宙神ではない。天皇は、人間神と自然神が重合した祖先神をはじめとする神々に祈りを捧げる。その点では、紛れもなく人間である。

だが、天皇にはアキツミカミ、アラヒトガミという尊称が用いられ、これらの尊称において「カミ」という言葉が使われている。歴史学者の津田左右吉は、アラヒトガミの意味を次のようなものととらえた。

（ア）『日本書紀』は「神代」と「人代」を分け、天皇は「人代」で出現している。
（イ）天皇は神を祀る者、いわば神祇官であって、祀られる対象ではない。
（ウ）天皇が祈祷の対象であったことはない。困難が来たときには、天皇が神々に祈る。

そこで、津田は、天皇は「アラヒト」つまり「ヒト」であり、「カミ」がつくのは「統治者への尊称」であるとした。そして、天皇は人間であるが、同時に象徴であると考えた。そして、皇室は「国民的精神の象徴、または国民的統合の象徴」であると説いた。（「元号

の問題について」『中央公論』昭和二十五年七月号）

津田が明らかにしたアラヒトガミは、キリスト教の神とは全く違う概念である。キリスト教の神は超越神であり、創造主である。キリスト教の主流では、イエスはこの概念のもとに、人にして神であると信じられている。また、イエスは、神の証としての奇跡を起こす力を持つとされる。これに比し、天皇は、決して奇跡によって人々を救済する救世主ではない。津田が説くように、天皇は神を祀る者であって、祀られる対象ではない。祈祷の対象ではなく、国家国民が困難に遭遇したときには、天皇が神々に加護を祈る。そのような存在である統治者として、天皇はアラヒトガミという尊称で呼ばれてきたのである。このような歴史的事実を踏まえれば、天皇がイエスのように無から天地を創造した超越神ではあり得ないことは明らかである。

ただし、天皇は単なる人間ではなく、即位に伴う大嘗祭の儀礼を通じて、皇祖神の霊を自らの霊とすると信じられてきた。すなわち、天皇は天照大神と一体の存在と仰がれてきた。その点では、生きた人間神である。アキツミカミは、「人間の姿を備えた神」を意味する。アラヒトガミにも同様の意味が含まれていると考えるべきである。これらの尊称における「カミ」という言葉は、単に「統治者の尊称」ではなく、生きた人間神としての天皇の神性を表す。そして、天皇は、死後、皇祖神や歴代天皇の霊とともに神として祀られてきた。当然、道教の宇宙神でも、キリスト教の超越神でもない。日本神道における独自の神観念による人間神である。

②キリストの場合

キリスト教の神ヤーウェは、超越神である。超越神は、唯一の神とされる人格神であり、宇宙を無から創造したとされる創造主である。また人類の歴史に介入し、律法を与え、預言者を通じて人間に語り、また人類を罪から救うために、独り子イエスを遣わしたと信じられている。

イエスの生涯と言行を伝える新約聖書の福音書は、イエスは奇跡を以って人々を救ったことを書いている。イエスは神の証としての奇跡を起こす力を示したと考えられている。また、イエスは磔刑にあったが、自身の予言通り三日後に復活し、以後四十日間にわたって使徒や信徒の前に現れたとされる。この死と復活の奇跡によって、イエスは人となって現れた神、救世主と信じられている。この点では、イエスは、人間が神格化された人間神である。

キリスト教の主流では、イエスは「神の子」と呼ばれる。「神の子」であるとは、超越神が人間化したものであることを意味する。「神の人間化」である。ここでいう「神の人間化」は、神が主体的な意志を持って人間化するという意味である。人間が、神を人格を持つものと擬人化してとらえるという意味ではない。

実は、神が人間になるという「神の人間化」は、世界の諸宗教で珍しくない。例えば、ヒンドゥー教では、創造・維持・破壊を司る宇宙神を信仰する。最高神と仰がれる神の一つヴィシュヌは、様々な動物や人間の姿を取る。これをアヴァターラ（化身）という。化身の思想の影響を受けた大乗仏教では、一種の宇宙神である法身仏が、衆生を救うために、如来や菩薩等の種々の姿を取って権（仮）に現れるとする。これを権現という。またそのように出現した仏を応身仏という。歴史上、修行の結果悟りを得た釈迦仏は、応身仏とされる。権現した諸仏は、いわば宇宙神の現れである。これらの例は、みな「神の人間化」である。

なお、仏教の三身観において、阿弥陀仏や薬師仏のように願を成就して仏身を得た仏は、報身仏とされる。これは「人間の神格化」に当たる。

キリスト教がヒンドゥー教や有神教的な大乗仏教と異なるのは、宇宙神ではなく超越神を信仰する唯一神教であることである。唯一の超越神以外の神を認めず、イエス以外に「神の人間化」を認めない。多神教における宇宙神の人間化とは、根底にある考え方が違う。そのため、非常に複雑な教義を構築することになっている。

キリスト教は超越神を「父なる神」とする。そして、「父なる神」が聖霊の働きによってマリアの胎内に入り、処女懐胎のマリアを通じて人性を得て生まれたのが、イエス・キリストだとする。それゆえ、イエスは「子なる神」とされる。イエスは人にして神であり、また完全な人間であり、同時に完全な神であるとする。イエスは、人間と同じ肉体を持ちながら神であり、人性と神性の二つの本性（ナトゥーラ）を持つとする。

イエスは「主（Dominus, Lord）」と呼ばれる。「主」とは主人であり、比喩的に超越神を意味する。「主・イエス」とは、イエスは人間神であると同時に超越神であることを意味する。これを表す教義が、三位一体説である。三位一体とは、「父なる神」、「子なる神」としてのイエス・キリスト、聖霊の一体をいう。そして、神の実体（スブスタンティア）は一つ、神の位格（ペルソナ）は三つとする。キリスト教の主流における核心的な教義である。

三位一体説において、イエスが神であるということは、イエスが三位一体における「子なる神」であることを意味する。イエス・キリストにおいては唯一の位格しか存在しないが、その一つの位格の中に人性と神性との二つの本性を備えるとする。また、「子なる神」は「父なる神」、聖霊と同格とすることから、イエスは「父なる神」としての超越神でもあるとする。

三位一体説について、信奉者たちは、理性では理解できない事柄であり、ただ信じるのみとしている。だが、イエスの神性と人性に関して異説を唱える教派は、歴史的には少なくなく、現在も存在する。

主流派におけるイエスは、人にして神であり、かつ超越神とされ、奇跡を以って人を救ったとされるので、③の現神人と似たものと考えられやすい。しかし、現神人とは神のとらえ方から違う。

③現神人の場合

理力神は本来、宇宙の根本原理にして、一切万有を生み出す原動力であるから、非人格的な存在だが、これを人間が人格化してとらえると人格神ともなる。さらに理力神が人間の姿を取って現れたとされるものが、現神人である。現神人は、神と人が一体となって出現した存在である。「神の人間化」である。ここでいう「神の人間化」は、神が主体的な意志を持って人間化することを意味する。

理力神は、宇宙の根本原理及び原動力を人格化して、神と呼ぶものである。神に対するこのとらえ方は、神道における自然神・宇宙神、キリスト教における超越神とは異なる。その神のとらえ方の違いによって、神道やキリスト教における人間神と現神人は異なっている。

現神人は、宇宙の根本的な原理にして力である神と一体の存在ゆえ、神の力を以って奇蹟を起こす能力を持つ。その奇蹟は、確率、範囲、大きさにおいて、人類史上に前例がないものとなる。わが生涯の師にして神とも仰ぐ大塚寛一先生は、現代日本に現れた現神人であり、人類史上稀有の存在である。関心のある方は、次のサイトをご参照願いたい。

http://srk.info/sinreikyo/ayumi/

現神人と天皇は、人間を神と仰ぐ点は共通する。だが、天皇は人間神と自然神が重合した祖先神をはじめとした神々に祈りを捧げる人間である。決して奇跡によって人々を救済する救世主ではない。神々に加護を祈る存在である。祈祷の対象ではなく、国家国民が困難に遭遇したときには、天皇が神々に加護を祈願する。天皇は伝統的にはそのような役割を持つ統治者であり、日本民族の中心として、国民が尊崇すべき存在である。

　現神人とイエス・キリストは、神が人となったという考え方は共通する。神性と人性の両面があるという考え方も共通する。だが、神のとらえ方が、片や理力神、片や超越神である点が異なる。また、現神人に関しては、父と子と聖霊という位格の概念は、必要ない。現神人における神と人の関係は、父と子の関係ではなく、神人一体である。また現神人には父と子を結び合わせる聖霊の概念は不要であり、現神人は自ら直接神の力を放射する。

　イエスは、神の証としての奇跡を起こす力を持つとされ、聖書にはイエスによる奇跡が記されている。だが、約二千年前の伝説の域を出ない。科学が未発達の時代のことゆえ、科学的で客観的な裏づけとなる記録がない。イエスは世の終わりに自ら再臨すると述べたとされ、キリスト教徒はイエス・キリストの再臨を待望している。しかし、むしろイエスの真意は、将来、自分の再来ではなく、真の救世主が出現することを民衆に知らせたものと考えられる。

　現神人と他の人間神との違いは、真の神が人間化したという意味での「神の人間化」か、それとも「人間の神格化」をしたものを、逆方向から「神の人間化」ととらえ直したものか。この違いである。イエス・キリストのほか、ヒンドゥー教の聖者、大乗仏教の本仏の権現である仏や如来・菩薩の実態も、後者である。真の「神の人間化」なのか、「人間の神格化」を「神の人間化」ととらえているものかどうかの違いは、現実世界に発揮される力の違いとして現れる。このことは、神の実在を証明する実証の違いを以って、確認することができる。

神の力は、宇宙の根本原理に沿って働き、一切万有を貫く原動力である。それは、人間には、偉大な生命の力として感じられる。その力を受けて生命力を発揮することができれば、人は医薬に頼らずに健康に過ごせる。また大抵の病気は治る。極度に生命力が発揮されるときには、ガン・難病等も治癒する。出産にしても、自然分娩で無痛安産ができる。脳細胞が活性化し、頭部が隆起する。不慮の事故や災難から守られ、安心した生活を送られる。健康で寿命を全うし、死後硬直なく、体温冷めず、死臭・死斑のない大安楽往生ができる。人間だけでなく動植物・無生物にまで奇蹟は及ぶ等々の現象が、その実証となる。

これらの実証の実例は、左記のサイトで見ることができる。

http://srk.info/experience/

右の現象のうち大安楽往生は、特に重要なので死の問題とともに第4章に詳しく書く。

第4章　宗教における体験

（1）宗教的な体験の諸相

宗教は何らかの体験に基づいており、体験は宗教に不可欠のものである。これまでの章に書いてきたことも体験の裏づけがなければ、単なる観念の集積にすぎない。体験は、宗教の構造的要素の一つであるとともに、宗教の個人に対する機能の一つでもある。

宗教的な体験には、様々なものがある。ここに主なものを記す。

①一体感

儀礼を執り行ったり、それに参加することによって、自分を超えたものとの一体感を体験する。その一体感は、集団としての一体感であったり、精神的指導者との一体感であったり、祖先の霊との一体感であったりする。

また、祈りや瞑想を行うことによって、宇宙との一体感を感じたという体験が報告されている。しばしばその体験は悟りとか神人合一等と呼ばれる。一種の変性意識状態であり、日常的な意識では見えないものが見えたり、五感では感じられないものが感じられたと主張される。それが真実であるかどうかの確認・証明の方法は、まだ確立されていない。

②再生感

自己が一度死んで再生することを象徴的・疑似的に体験する。通過儀礼の中には、加入儀礼のように、この意味が含まれているものがある。胎内に回帰し、この世に再び誕生する体験としてイメージされる場合もある。

神話に基づく始源回帰儀礼では、死と再生が、単に個人的な体験ではなく、世界の終焉と再生として体験される。

③罪の自覚と回心

自己の由来や過去の行為への反省を通じて、罪を自覚し、神、仏、霊等の超越的な存在への信仰に心を向けることを体験する。しばしば宗教的な信仰に入るきっかけとなる。

④自己を超えた力や意思

自己を超えた何者かによって導かれているとか、守られているという感覚を体験する。そこに超越的な力や意思を感じる。導きや加護を与える他者は、神、仏、霊等とイメージされる。

自分の意思に関わらず、身体が動く不随意運動や、言葉を話す不随意発話を、宗教的に意味づける体験もある。

⑤生命の自覚

自己が自己を超えるものによって生かされているという事実を自覚する。呼吸、心拍、自然治癒等の自らの意識を超えた生命活動の不思議を深く実感する。その生命の働きに、宗教的な意味を見出す。

⑥超越的なものとの関わり

自己や人間を超えたものへの感動、驚き、畏れを体験する。その力や存在の源については、可視的・可触的な自然として感じる場合と、自然を超えたものとして感じる場合がある。この体験は、歓喜や慰め、安心をもたらしたり、超越的な人格から愛や慈悲を受けていると理解されたりする。父や母のイメージと結びつけられることが多い。

⑦超能力

普通の人間にはできないことを実現できる特殊な能力で、今日の科学では合理的に説明できないものを、超能力という。ジョセフ・バンクス・ラインが創始した実験科学的な超心理学では、超能力をＥＳＰ（Extrasensory perception、超感覚的知覚）とＰＫ（Psychokinesis、念力）に分ける。ＥＳＰは、五感や論理的な類推等の通常の手段を用いずに、外界に関する情報を得る能力をいう。ヒーリング（医療によらない癒し）、テレパシー、予知、透視、遠隔視等を含む。ＰＫは、物体が既知の物理的原因なしに、心に念じるだけで動く現象をいう。ＰＫには、目の前の物体の移動、自己の身体の遠方への移動、遠隔地にある物体の移動、写真への念写等がある。

こうした超能力は、しばしば宗教的な観念を以って意味づけられ、霊力、神通力、法力等と呼ばれる。

ＥＳＰやＰＫを持つ者を、超能力者という。超能力者ならぬ普通の者でも、虫の知らせ、胸騒ぎ、嫌な予感、幸先の良い予兆、正夢、火事場の馬鹿力等を体験することがある。こうした現象の中には、しばしば因果律では説明のできない意味深い偶然の一致が認められる。それが宗教的に意味づけられることがある。

⑧人間以外のものとの意思疎通

動物、植物等の実在するものと、心が通うとか意思が通じると感じる体験をする。動物や植物を愛する人にはよくある体験だが、普通の人よりその体験を強く、深く感じる人は、その体験に宗教的な意味づけをする傾向がある。

対象が、実在の確認されていない宇宙人や高次元の知的生命体、天使、妖精等とイメージされることもある。

⑨霊的感覚

亡くなった家族や先祖、友人等の霊を見たり、その存在を感じたり、それらの霊と意思を交わすことを体験する。対象は、直接自分と関わりのない霊的存在と考えられる場合もある。他者にまつわりついたり、取り憑いたりする霊について述べたり、霊界が見えるとしてその様子を語る体験もある。

こうした体験が、何らかの客観的存在との関わりを意味するものか、幻想・錯覚であるかどうかを判別する科学的な方法は、まだ確立されていない。

死に瀕して生と死の境をさまよったり、いったん死んだとみなされた後、再び生き返った者が語る体験を、臨死体験という。自分の魂が体外に離脱して、自分や周囲を見たり、死後の世界への過程またはその場所に行ったと述べるものが多い。こうした体験を宗教的に意味づける場合がある。

⑨奇跡の体験

常識では考えられない神秘的な出来事や既知の自然法則では説明のできない現象を、奇跡という。原因不明の病気や有効な治療法のない病気の治癒、致死的な事故災難における無事安全、絶対不可能と思われることの実現等が挙げられる。

こうした体験は、しばしば宗教的な観念を以って理解される。また、宗教的な信仰が奇跡の起こる要因と考えられることが多い。

奇跡と呼ばれる現象の中には、単なる幸運な偶然ではなく、客観性、再現性が認められる現象がある。そうした現象は、現代の科学が未だに解明できていない自然界の力や法則の存在を暗示している。

とりわけ特定の集団において、奇跡が多く起り、その奇跡の起こる確率が大きく、範囲が広く、質が高い場合には、その奇跡は科学的にいう実在の原理、宗教的にいう真理の働きと考えられる。

⑩感謝と調和

上記のような様々な体験は、しばしば深い感謝の気持ちを引き起こす。感謝の対象は、超越的な力や存在、自然、親や家族、周囲の人々等と多様である。その感謝の思いから、自分の存在や世界の成り立ちの意味を深く理解する。また、多くのものに調和を見出し、また自らをそれらと調和して生きようと考えたり、宗教的な観念でこれを意味づけたりする。感謝と調和の体験によって、この上ない歓喜を覚えたり、人々や万物への愛を感じるようになったりもする。

以上、主な宗教的体験を記した。これらの体験は、何か客観的な力や存在の作用によってもたらされたものであるかどうかに関わらず、体験する主体にとっては、重要な意味を持つ。その人の人生の転機となったり、人格の変容をもたらしたりする例が多くある。そのような例には、第7章で述べるアブラハム・マズローの「至高体験」に通じるものが少なくない。

（2）宗教的な救済

宗教的な体験が、体験者にとって特に重要な意味を持つのは、それが救済と感じられる場合である。

救済には、まずこの現実の人生、すなわち現世における救済がある。これを現世救済という。また、死後に想定される来世における救済、すなわち来世救済がある。多くの宗教は、現世救済及び来世救済を以って救済とするが、さらにこの世に生まれる前からの救済として前世救済を加える場合があり、合わせて三世救済という。前世、現世、来世にわたる救済の実現は、宗教の理想である。

次に、これらの救済の内容について述べる。

●現世救済

現世救済には、個人を主とするものと集団を主とするものがある。個人を主とする救済には、精神的、身体的、家族的、経済的、社会的、運命的な救済があり、また死を前にしての救済がある。集団を主とする救済には、民族的・国家的、政治的・宗教的、世界的・

人類的な救済がある。

◇個人を主とする救済

①精神的な救済

心を救われるもの。現実は変わらないが、心のあり方や感じ方が変わる。心の支えや慰め、安心、勇気、喜び、解放感等が得られる。単なる気休めという程度のものもあるが、ストレスが減少することは、心に余裕をもたらす。さらにストレスに対する耐性が強まれば、人生の諸問題に冷静に、粘り強く対応できるようになる。また、無益なもの、無意味なもの、あるいは有害なものへのとらわれが取れると、考え方が柔軟になる。思考や感情が転換されるならば、行動が変化し、逆境を乗り越える意志が強まり、ピンチをチャンスに転じることができる。

宗教的な信仰を通じて、性格的な欠点が直ったり、学業、職業等の能力が伸長したり、天分を発揮できるようになる事例がある。

さらに、生きていることの意味を肯定し、生きがいを感じ、世界の有意味性を実感し、それによって人格が成長・向上する体験もある。

②身体的な救済

病気や健康上の問題を救われるもの。心の持ち方を明るく、前向きにすることで、免疫力が高まったり、病気や障害に負けない意志力を発揮できるようになる。

顕著な場合として、現代医学では原因不明の病気や、有効な治療法のない病気が治癒した体験例が多く報告されている。治癒の原因は、本人の意志の力によるものと、信仰を通じた他者すなわち神、仏、霊等の助力によると信じられているものがある。後者は、宗教独自の救済の典型の一つである。

③家族的な救済

家族関係の悩みが好転または解決されるもの。夫婦、親子、兄弟、親族等の間の対立・抗争が収まる。家族間に調和が生まれ、家庭が円満になる。

子どもが授かりにくい家系に子どもが授かったり、病弱・短命な家系に健康な子どもが生まれたりする。身体的な救済とも関係するが、難産の体質を持つ女性が安産する体験もある。

④経済的な救済

個人や家庭の経済的な問題、仕事や収入等に関する悩みを救われるもの。自分の努力以上に、商売や事業が好転、成功、発展する場合がある。しばしば精神的・身体的・家族的な変化を通じて、こうした救済を受ける。

⑤社会的な救済

人間関係の問題を救われるもの。学校、職場、地域等で周囲の人々との間で起こる摩擦・軋轢が収まる。周辺に調和が生まれ、集団の意志疎通が改善される。

⑥運命的な救済

精神的・身体的・家族的・経済的・社会的な諸問題がいくつも重なり合っている場合、人はそれを自分の運命として受け止めたり、宿命と悲観したりする。そして、それを超越的なものの意思やそれによる定めと考えたり、自分の輪廻転生における過去世の行為の結果と推測したり、先祖から受け継いだ悪い原因の結果等と考える。

宗教的な信仰がこうした諸問題に解決をもたらすとき、これを運命的な救済と呼ぶことができる。不運を幸運に、不幸を幸福に転じる。個人や家系における悪いパターンを断ち切る。宿命が転換されて、運命が好転する。

⑦死を前にしての救済

人生最後に迎える死からの救いは、宗教の最大の課題である。死に意味を見出し、死の恐怖や苦痛を除き、死後について安心を与えることは、宗教の大きな役割である。特に人生の晩年においては、死をどのようにとらえ、死にどのように臨むかが、最後の課題となる。また、人生の半ばにおいて病気、怪我、危険な任務等で死を意識し、死に備える場合には、差し迫った最優先の課題となる。

死に関する救済は、来世救済につながるものゆえ、来世救済の項目に詳しく書く。

◇集団を主とする救済

①民族的・国家的な救済

戦争の危機、他の民族や国家による迫害や支配、大規模な災害等から人民を救うことは、信奉者の集団において宗教に期待される救済の一つである。集団の存亡に関わることゆえ、古代から最も重視されてきたものである。

②政治的ないし宗教的な救済

集団を主とする救済には、政治的なものと宗教的なものがある。政治的な集団救済とは、理想国家の建設や世界平和の実現である。宗教的な集団救済とは、地上天国、現世極楽等の理想世界の実現とイメージされるものである。

たとえば、ユダヤ教では、将来、ダビデの子孫が救世主として現れ、ユダヤ民族の王となって理想国家を建設し、彼ら選民が世界を支配するという政治的な集団救済が待望されている。キリスト教では、イエスを救世主とし、世の終わりに死者がよみがえり、イエス・キリストによって最後の審判が行われ、神に選ばれた者は永遠の生命を与えられて、地上に天国を建設するという宗教的な集団救済が期待されている。

③世界的・人類的な救済

世界平和の実現、人類全体の幸福の実現は、宗教的な救済の究極のものである。

●前世救済

前世救済とは、人がこの世に誕生する前からの救済である。

生についてには、人間の生死は一回きりという単生説と、生死を幾度も繰り返すという多生説がある。単生説の場合には、前世救済は、受精の瞬間から母胎での生活の期間において順調に成長し、健全に誕生できることをいう。また、多生説の場合には、過去世における業が減滅され、より良い人生が送られるように再生することをいう。後者では、来世救済と前世救済が連続し円環を成していることになる。

私は多生説を信じる者ではない。多生説を主張する者は、霊魂の実在だけでなく、個別の霊魂が幾度も輪廻転生することを科学的に証明しなければならない。

この世に生を受けた子どもにとって、恵まれた人生のスタートを切ることができたことは、幸福なことである。親を通じて前世救済を得て、現世を開始できるわけである。一方、健康で才能に恵まれた子孫が生まれることは、親や家族、一族にとって幸福なことであり、これは家族的な現世救済ともなる。

●来世救済

来世救済は、死後の救済である。現世より良い世界があることを想定し、天国、天界、神界等へ昇ること、あるいは極楽浄土へ往生することが、救済と思念される。

単生説の場合は、一回限りの人生で、いかにより良い来世へ行くことができるかが、最大の課題である。ただし、死後、別世界に行くことを望まず、霊魂として現世にとどまり、家族や子孫を近くで見守ったり、または民族・国家を守護することを望むという考え方もある。

多生説の場合は、究極の目標は解脱である。解脱は輪廻の世界から脱却することゆえ、もはや再生しない境地に達することである。厳密には来世救済というより、脱世救済というべきものであるが、ここでは広い意味での来世救済に含めて記述する。

輪廻転生の思想は、古代インドで自然と生命の観察に基づく素朴な考察から発達したものである。それが循環的な宇宙観と結びついて、インド人の人生観を支配するようになった。インドの諸宗教は、輪廻転生説に基づいて、死後、親や先祖の霊魂は、神々、人間、動物、地獄の住民のどれかに生まれ変わると考える。そうであれば霊界に親や先祖の霊魂は存在しないことになる。既に何かの生命体に再生しているはずだからである。こうした考え方においては、祖先から子孫へと続く生命の連続性は重視されない。また、輪廻転生する主体は個々の霊魂であるから、姿かたちを変えながら存続する個人の一貫性が、祖先と子孫の関係よりも重視される。

有神教であるヒンドゥー教では、輪廻の世界からの解脱を梵我一如または神人合一と考え、無神教である仏教では、解脱を絶対的静寂としての涅槃と考える。

輪廻転生を信じる者の中には、来世は解脱までの過程の一段階であり、いくつかの来世を通じて解脱に至るために、現世よりも次の人生でより良い生活を送ることを当面の目標とするという考え方がある。また、解脱を目指すのではなく、再び現世に生まれることを望み、現世でより良い生活ができることを願う現世志向の考え方もある。これは、この世を苦しみとし、解脱を唯一の目標とする現世否定的な立場から見れば、現世への執着であり、倒錯した考え方になる。

より広く言えば、宗教的実践には、もっぱら現世での幸福と発展を求めるものと、現世より来世での幸福を求めるものがある。前者は現世志向的、後者は来世志向的である。現世志向が強い場合は、ほとんど来世を考えず、この世での人生の充実を目指す。来世志向が強い場合は、現世での幸福を求めず、ひたすら来世の幸福を目指す。だが、理想的なのは、現世で最高の幸福を得て、その発展として来世でのさらなる幸福に進むものである。この理想的な形態にあっては、現世と来世が連続的かつ発展的である。そうした来世救済の理想を実現したものを、大安楽往生という。大安楽往生については、第5章の最後に書く。

この章では、宗教における体験の諸相について書いたが、個々の宗教の価値は、その教えが現実に救済をもたらすことができているかどうかで決まる。言い換えれば、その教義が実証を伴っているかどうかが、宗教の価値を判断する基準となる。実証の裏づけのない教えは、それがいかに高尚なものであっても、観念的な自己満足に過ぎない。そのような宗教を信じると迷信に陥り、自らの運命を狂わせ、家族を不幸にし、果ては民族に破滅にもたらす。宗教の価値は、実証を以って判断することが極めて重要である。超宗教の時代において、人々はこのことをしっかり認識すべきである。

第5章　宗教的実践

（1）苦悩の原因とその解決方法

第4章で宗教における体験の諸相について書いたが、そうした体験はなんらかの宗教的実践を通じて体験されるものである。宗教における実践は、その宗教の教義に基づく。そこで本章では、実践に関わる教義を述べながら、実践について記す。

さて、人が宗教を求めるのは、人生には多くの苦悩があるからである。宗教はその苦悩の原因を説明し、苦悩の解決の方法を示す。それが教義の重要部分となっている。人間観、世界観、実在観は、苦悩の原因を探求し、苦悩からの解放を目指す実践のための認識である。

苦悩の原因に関する代表的な説には、原罪説、業説、穢れ説がある。

第一の原罪説は、ユダヤ民族の神話に基づいて、キリスト教で発達した思想である。聖書は、人間は神ヤーウェが神に似せて創造したものであると物語る。神は土くれから、最初の人間アダムを創造した。次にアダムの肋骨からエバを造った。年老いた蛇に唆されたエバは、禁断の知恵の実を食べた。そのために、人間は神に罰せられ、エデンの楽園から追放された。それゆえ、人間は罪を負っている。これを原罪という。原罪によって、人間は互いに敵意を抱くようになり、男には食べ物を得るための労働、女には産みの苦しみが課せられた。また、この世に死が入り、人間は死すべきものとなったとする。

第二の業説は、インドに生まれた思想である。ヴェーダの宗教では輪廻転生を信じ、輪廻の原動力は行為（カルマン）すなわち業であるとした。ヒンドゥー教は、この思想を継承した。この説によれば、現在の苦悩は、過去の行為の結果として生じたものである。行為の結果は、現世において現れるだけでなく、死後、転生した後にも現れる。それゆえ、現世における苦悩は、自分の過去世における行為の結果として生じたものとされる。仏教は、こうした思想を発展させた。仏教は、人生は苦しみである、苦しみの原因は愛着・渇愛にあると説く。愛着・渇愛とは、欲望や執着による妄念すなわち煩悩であり、それによって業が生じている。業は、無明すなわち真理に暗いことによって生じるとする。

第三の穢れ説は、原初宗教に広く見られる浄不浄の観念とタブーの慣習によるものである。原初宗教から高度宗教へと発達した神道では、生命力が枯れた状態を「ケ」といい、生命力を枯らすものを「ケガレ」という。穢れは不浄であり、病気、災害、不幸等の原因とされる。また、神が穢れとして忌み嫌うものを罪とする。延喜式に記された大祓詞は、天つ罪と国つ罪を挙げる。前者は神事の神聖性を侵したり、農耕を妨げる行為等を罪とし、後者は傷害、病気、近親相姦、獣姦等を天変地異を引き起こすものであるがゆえに、罪とする。これらの罪は、社会の諸問題の原因とされる。神道には明確な輪廻転生の観念はなく、先祖から子孫への生命の継承が重視される。世代間にわたる苦悩の原因は、先祖から子孫に及ぶ穢れやそれに基づく罪に求められる。

次に、苦悩の解決方法は、苦悩の原因を何と考えるかによって異なる。苦悩の原因を原罪とする宗教は、原罪の消滅による救いを求める。救いを得るために行う実践の中心は、神への信仰である。苦悩の原因を業とする宗教は、業の消尽による解脱を目指す。解脱を得るために行う実践の中心は、修行である。苦悩の原因を穢れとする宗教は、穢れの除去による浄化を願う。浄化を実現するために行う実践の中心は、祓い清めの儀式である。

(2) 祈りの効果

苦悩の解決方法として、神への信仰、修行、祓い清めの儀式を挙げたが、これらに共通して行われる儀礼の一つに祈りがある。祈りは、あらゆる宗教的実践においてなされる行為であり、また言葉の意味と機能に基づく行為である。

祈りの効果は、科学的に確認されている。既に多数の実験が行われており、アメリカでは、厳密な実験環境の下で実施され、正統な科学の基準を十分満たした百を超える実験のうち、実に半数以上で、祈りが様々な生物に多大な影響をもたらすという結果が出ている。

祈りにはある程度の治癒効果があることを明らかにしたのは、カリフォルニア大学元教授で心臓学の権威ランドルフ・ビルドである。ビルドは、心臓治療ユニットに入院した三九三人の患者に対し、次のような実験を行った。患者を、祈りを受けるグループ（一九二人）と、祈りを受けないグループ（二〇一人）とに、振り分けた。振り分けはコンピューターで無作為に行われ、患者、看護婦、医師は、どのグループにどの患者が入るかは知らされない。いわゆる二重盲検法という厳密な実験方法が採られた。

ビルドは、患者のために祈る人たちとして、アメリカ全土のローマ・カトリック教会とプロテスタント教会から募集して、患者の名前と病状を教え、毎日その人たちのために祈るように依頼した。しかし、祈り方についてはなんの指示も与えなかった。祈る人は患者一人につき、五人から七人という割合だった。

その結果は、大きな反響を呼んだ。祈りを受けた患者のグループ（A群）は、祈りを受けなかったグループ（B群）とは驚くほど異なる結果を示したからである。

①抗生物質を必要とした人は、A群はB群に比べて五分の一。
②心臓疾患の結果、肺気腫になった人は、A群はB群に比べて三分の一。十八人に対して六人。
③喉に人口気道を確保する気管内挿管を必要とする人は、A群ではゼロ。B群では十二人が人口気道を必要とした。
④死亡した人は、A群では少なかった。

この実験は、祈りには効果があることを立証した。ある人の祈りが遠くにいる人の健康状態に影響を及ぼすことができること、しかも何百マイルあるいは何千マイルも離れていても、距離的な隔たりは障害にはならないことも明らかになった。

こうした祈りの実験は、人間を対象としたものだけでなく、マウス、ひよこ、酵母菌、バクテリア、様々な種類の細胞等にまでわたっている。

中でも、オレゴン州セーラムにある研究機関スピンドリフトが行った実験は、広く知られている。スピンドリフトでは、様々な祈りの効果を客観的に評価するという試みが、十年以上にもわたって行われた。例えば、ライ麦の種子をそれぞれ同数の二つのグループに分ける。それらを、植木屋が使う軽土、バーミキュライトを満たした浅い容器に入れる。その容器の真ん中に紐を張り、種子を二つに分ける。そして一方の側の種子についてのみ、発芽をするように祈る。もう一方の側の種子については、祈らないようにする。

こうして、ライ麦の種子が育ってくると、発芽した数を数える。すると、何度実験しても、祈りをした側の種子の方が、祈らなかった側よりも、はるかに多く発芽したのである。この実験は、多くの人によって何度も繰り返し確認されている。

この実験は、祈りという人間の行為が、人間や人間以外の生命体に対して影響をもたらすことを明らかにした実験の一つである。祈りの影響は測定可能であり、また再現可能であることが、他の実験によっても確認されている。

筑波大学名誉教授の村上和雄は、最近の祈りに関する実験の結果を報告している。村上は国際的な分子生物学者であり、昭和五十八年（一九八三年）に世界に先駆けてヒト・レニン遺伝子の解読に成功したことで知られる。村上は平成三十年（二〇一八年）一月十一日付の産経新聞に寄せた記事に、次のようなことを書いている。

すべての生き物は、生命活動に必要な遺伝情報をＤＮＡの塩基配列として暗号化している。また、時間や環境の変化に応じて必要な遺伝情報を取り出す仕組みとして、遺伝子の発現をスイッチのようにオン・オフしながら調節している。「オン」とは遺伝子の発現が活性化している状態、「オフ」とは遺伝子の発現が弱まる、あるいは停止した状態である。個々の状態もオン・オフに影響する要因の一つである。

村上らは、宗教的な祈りや瞑想を研究対象にしている。祈りや瞑想は単なるリラクセーションや集中力アップの手段ではなく、大自然と調和した一体感や神仏との合一体験等の意識状態の変性を伴うものであり、そこに祈りや瞑想の本質があると考えたからだという。

村上らは、まず祈りや瞑想が身心にどのような影響を及ぼしているかを調べるため、高野山真言宗の僧侶における遺伝子発現の活性化の検討を行った。その結果、僧侶のグループには、「僧侶型オン遺伝子」が見出された。その遺伝子はいずれもI型インターフェロン関連遺伝子だった。I型インターフェロンは、ウイルスの増殖を抑えたり、感染した細胞を除去したりすることによって、ウイルスから身体を守っているタンパク質である。僧侶のグループにI型インターフェロン関連遺伝子が見出されたことは、僧侶になるための修行か、あるいは日常の行において獲得・維持された資質であり、また僧侶では自然免疫系が全体に活性化していると考えられる。

また、村上によると、僧侶のグループは他人の感情や行動に対する共感の度合いが高かった。これは、僧侶の心理的な感受性の強さの表れといえる。また、共感性と僧侶型遺伝子に一定の関連が見出された。ここから、共感という心理的な感受性と、自然免疫機能という身体的な感受性に共通の基盤があることが推測される。村上は、瞑想や祈りによって共感性や慈悲の心を育むことが、免疫機能の強化につながったのではないかと考えている。日々の生活の中で実践された祈りや瞑想が、ある心理状態を作り、その状態が積み重なることで、遺伝子を介して体に影響を及ぼしたのではないかと推察されるというのである。

私見を述べると、この実験結果とそれに基づく推察は、仏教の一宗派に限らず、広く宗教一般の修行者にも見出されるに違いない。また、出家者や専従者に限らず、祈りや瞑想を日常的に実践している一般人においても、同様の傾向が見出されることも想定できる。また、優れた祈りや瞑想の方法があれば、より効果的なものとなるだろう。特に祈りの対象に、強い治癒力や感化力があれば、実践の効果が明確に実証されるだろう。祈りの際に唱える言葉の効果の違いも明らかになるだろう。今後、さらなる研究が進むことを期待したい。

（3）死の問題

宗教は人生の苦悩の原因を説明し、その解決方法を示す。苦悩解決のために行う実践は、何らかの体験をもたらす。宗教に基づく生活は、教義の学習と実践、体験と思索の反復である。そうした生活の最後に控えているのは、死の問題である。

死の問題は、宗教を信仰する、しないに関わらず、誰もが人生の最後に直面するものである。人間の苦悩の中には、社会や経済の発展、科学技術の発達等によって、解決が期待されるものもある。今後、現在では想像できないくらい文明が進歩すれば、人類の福祉は飛躍的に向上することだろう。だが、その時でもなお、死の問題は残る。この問題を克服できるかどうかは、人間各自にとっての最大の課題であり続けるだろう。

世界は、見えるものと見えないもので成り立っている。見えるものとは、五感でとらえられるものであり、見えないものとは五感を超えたものである。死は、後者の見えないものの存在を意識させ、見えるものの領域を超えた次元の存在を予想させる。宗教は、そうした見えるものと見えないものの両方で成り立っている世界の全体にアプローチする人間の活動である。それゆえ、人間が死すべきものである限り、いかに科学が発達しても、宗教が消滅することはないだろう。

いったい人は死んで終わりなのか、死後も存在し続けるのか。死の認識で思想は大きく二つに分かれる。死ねば終わりと考えるものを唯物論と呼び、死後も続くと考えるものを心霊論と呼ぶことにしよう。

唯物論的な人間観では、心は脳の生理的な現象であり、人間は死後、物質に分解するのみとする。死を以って肉体が滅び、存在は消滅するという死即消滅という考え方である。唯物論を信条とする者は、恐怖や苦痛のない死に方や自分の信念を実現できる死に方を目指す。

これに対し、心霊論的な人間観では、死は無機物に戻る過程ではなく、霊魂が別の世界に移るための転回点であると考える。身体は自然に返る。しかし、霊魂は、死の時点で身体から離れ、死後の世界に移っていく。心霊論を信条とする者は、死に方とともに、死んだ後のあり方を考え、死後の世界を想定した生き方をする。

世界の諸宗教のほとんどは、心霊論に立っている。一方、唯物論は宗教では極少数であるが、哲学や科学では有力な考え方である。現代の科学はまだ霊の領域まで研究が進んでいないので、霊魂の存在を認めるところまでいっていないが、科学者にも亡くなった近親者や友人等の霊魂の存在を信じる者は少なくない。

身体から独立した霊魂を認めるという考え方は、特異なものではない。近代西洋の唯物論的人間観が有力になるまで、人類のほとんどは、そのように考えていた。唯物論的人間観の優勢は、物質科学と西洋医学の発展やダーウィンの進化論、マルクス、ニーチェ、フロイトらの思想によるところが大きい。だが、近代西洋にあっても、カント、ショーペンハウアー、シジウィックらの哲学者、ウォーレス、クルックス、ユングらの科学者は、霊的現象に強い関心を示したり、心霊論的信条を明らかにしたりしてきた。

死後霊魂が永遠不死であるかどうかは、有限の存在である人間には証明できない。だが、有神教であれ、無神教であれ、多くの宗教では、人々は死後の霊魂の存続を信じ、儀礼や信仰や修行を行ってきた。死後の存在を想定して人生を生きる点は、ほとんどの宗教に共通している。

私は、心霊論的な人間観に立って、人間には、生の本能とは別に、死の本能があると想定している。生の本能は、生きようとする本能である。死の本能は、生きる時間が残り少なくなった時に働く本能である。ただし、唯物論者フロイトが想定した無機物に戻ろうとする傾向という意味での死の本能、タナトスとは違う。来世への移行本能といってもよいし、別の次元への再生本能といってもよいものである。私は、宗教とはこうした生と死の本能が働く生命的現象であると考える。宗教は、生の本能によって生命力の回復や増大を求める活動であり、また、死の本能によってより良い死に方をしようとする活動でもある。

生に関する単生説と多生説の違いは、死に関する考え方の違いともなる。ユダヤ教、キリスト教、イスラーム教、神道等は単生説であり、ヒンドゥー教、仏教等は多生説である。

霊の領域の研究が進んでいない現代の科学では、当然のこととして、単生説と多生説の真偽を客観的・実証的に解明できていない。今後、霊の領域の研究が進めば、生死は一回きりか、何度も繰り返すのかという問題に決着がつく時が来るだろう。

単生説を信じる者は、人生は一度限りのものと考え、この人生における幸福と発展を求める。単生説には死を以って存在は消滅するという考え方と、死後も魂は存続するという考え方がある。前者は、唯物論的な単生説であり、後者は心霊論的な単生説である。

単生説を信じ、また霊魂が死後も存続すると信じる者は、現世だけでなく死後の世界での幸福を願う。来世として、天国、神界、地獄等を想定し、現世よりも幸福な状態を目指す。より良い世界に行けるか、より悪い世界に行くことになるかは、一回限りの人生の結果で決まるとする。

多生説を信じる者は、死後も霊魂は存続し、再生を繰り返すと考える。多生説には、人間は人間としてのみ転生するという考え方と、人間に限らず動物を含む他の生命体にも再生するという考え方がある。多生説の多くは、輪廻の世界からの脱却である解脱を目指す。

宗教的実践としては、単生説の場合、自分の努力のみによって天国・神界等に昇天する道と、神・霊等の助力を得て昇天する道がある。また多生説の場合、解脱には、自分の努力のみによって達成する解脱と、神、仏等の助力を得て到達する解脱がある。これを自力と他力に分けると、自力による昇天または解脱を自力救済、他力による昇天または解脱を他力救済と呼ぶことができる。ここで解脱についても救済という用語を適用するのは、自分で自分を救うものともいえるからである。

次に、死の問題について、救いを求める宗教と解脱を目指す宗教の違いを述べる。浄化を願う宗教は、これらに比べて教義が複雑に発達していないので、記述の中で簡単に触れるにとどめる。

（４）救いを求める宗教と予定説

ユダヤ教を元祖とするセム系唯一神教は、救いを求める宗教である。救いを求める対象は、超越的な唯一神である。

ユダヤ教では、神は全知全能であり、無から宇宙を創造し、宇宙を超越した存在であるとする。このような神観念のもとに、この宇宙におけるあらゆる出来事は、神によって予め定められ、神の意志に支配されているという考え方が生まれた。この考え方を予定説という。宇宙全体についての一種の決定論ゆえ、本書ではこれを宇宙予定説と呼ぶ。

宇宙予定説に立てば、人間に自由意志はあり得ない。すべては神が定めたとおりに進行し、人間が自らの意志で行動して、神の計画と異なることをする余地はない。ところが、ユダヤ教では宇宙予定説を説きながら、人間は神の似像として創造され、それゆえに意志の自由が与えられているともする。そして、神から与えられた律法に従い、戒律を守るかどうかは、人間の自由意志によるとする。そして律法と戒律を義務として遵守すれば、良い結果が、遵守しなければ、悪い結果が現れるとする。この部分は、物事には原因と結果の関係があり、救いは人間の行為の結果として得られるという考え方になっている。この考え方を因果説という。神の絶対性に基づく宇宙予定説と、人間の自由意志による因果説が併存しているところに、ユダヤ教の特徴と矛盾がある。

キリスト教が教義上、ユダヤ教と最も大きく違う点は、イエスを救世主と信じることにある。イエスは、「時は満ち、神の国は近づいた」と告げ、「悔い改めて福音を信じなさい」(マルコ書一章十五節)と説いた。また、「求めなさい。そうすれば、与えられる。探しなさい。そうすれば、見つかる。門をたたきなさい。そうすれば、開かれる」(マタイ書七章七節)と説いた。これは、人間に自由意志を認め、悔い改めて自ら救いを求める者は、救いを得られる。悔い改めず救いを求めない者は、救いを得られないと諭すものである。

キリスト教における救済とは、神の恩恵を与えられて神の国に入り、永遠の生命を得ることである。その救済を得られるのは、信仰のみ、すなわち神の恩寵のみによるという考え方と、人間の善行・功徳が必要とする考え方がある。前者は人間の自由意志を認めない立場、後者は認める立場である。

救済は信仰のみによるという考え方は、パウロに発する。パウロは、「人が義とされるのは、律法の行いによるのではなく、信仰による」(『ローマの信徒への手紙』三章二十八節)と説く。これを、信仰義認という。義とは法廷で無罪であると宣せられることを意味し、義認とは神が人間を義つまり無罪と認めることである。パウロは、人間はすべて罪人であると強調し、イエスの贖いによって義とされると説く。パウロは、神が人間を義と宣する以外に、人間は救われることはできないとし、イエスを救世主として信仰するよう布教した。

ただし、パウロは、信じる者はみな救われるとは、説いていない。誰が救いを得られ、誰が滅びに至るか、神によって予め定められているとするのである。その意味は、キリスト教徒だけが救われて、他の宗教の者は救われないという意味ではない。キリスト教徒であっても、神によって選ばれている者は救われるが、そうでない者は救われないという教えである。この考え方を救霊予定説、略して予定説という。パウロの予定説は、キリスト教の主流となった。本書では以下、予定説とは救霊予定説を意味する。

予定説では、人間が天国に行けるかどうかは神の意志によるのであり、死後救われるか救われないかは、予め神が決定しているとする。キリスト教の信仰が篤く善行を積んだ者でも、救われるとは限らない。神は絶対であり、人間の自由意志による行為が神の意志に影響を与えることはないとするものである。

予定説に立ち、自由意志による救いを否定するパウロの思想は、カトリック教会に受け継がれた。だが、五世紀のはじめ、重要な論争が起った。ペラギウスは、神は人間を善なるものとして創造したのであり、原罪は人間の本質を汚すものではない、人間は神からの恩寵を必要とはせず、自分の自由意志で功徳を積むことによって救霊に至ることができると説いた。これに対し、教父アウグスティヌスは、人間に選択の自由はあるが、選択の自由の中にも神意の采配が宿っており、人間単独の選択では救いの道は開けず、神の恩寵と結びついた選択によってのみ道が開けると説いた。単純に言えば、ペラギウスは人間には自由意志があると主張し、アウグスティヌスは自由意志を否定したことになる。この論争を、ペラギウス論争という。四一六年のカルタゴ会議、四三一年のエフェソス公会議でペラギウス主義は異端として排斥された。

ローマ・カトリック教会は、アウグスティヌスの自由意志否定説をもとに予定説を教義として確立した。しかし、自らを正統とする側から異端として排斥された自由意志を認める考え方が絶えることはなかった。

東方正教会は、西方教会に比べ、より積極的に自由意志を肯定する。そのため、人間の努力によって神に近づこうとする修道が発達した。三世紀に聖アントニウスがエジプトで修道生活を行ったのが、修道院のはじめとされる。修道院は、東方で発達した後、西方でも盛んになった。

カトリック教会では、中世になると、修道院が勢力を増していき、修行を含む善行の積み重ねによって救済に至るという考え方が、段々優勢になっていった。ローマ・カトリック教会は、その後、実質的には人間の自由意志を認め、善行や功徳を積むことを奨励している。

中世スコラ神学の代表的な学者であるトマス・アクィナスは、救済を得るには人間の努力や善行が必要であるとした。神の恩恵を得て回心する過程において、信仰だけではなく、人間の努力や行為が意味を持つ。また、努力に応じてより高い水準に至るという考え方である。これは、人間の自由意志を認める立場である。自由意志を認めるならば、人間の努力が救いに結びつくという考え方になる。これは、因果説になる。トマスは因果説を採り入れていながら予定説を否定してはいないから、予定説と因果説の折衷であり、一部に因果説を含む予定説になる。

トマスによれば、自由意志を持つ人間は、ただ放っておいても倫理的な行動するわけではない。そこで、不断の指導と援助を与えるものが必要となる。その指導と援助を行うのが教会である、とトマスは説く。このトマスの教学理論によって、カトリック教会は、救いをもたらす秘蹟（サクラメント）の権威の強化、教会や修道院の規範の厳格化を進めた。その結果、絶対的な権威と権力を持つに至った。だが、それによってまた腐敗・堕落の道を下って行くことにもなった。その下降の行き着く先が、免罪符の発行である。免罪符を購入すれば、天国に行けるという教えは、十六世紀はじめのヨーロッパでマルティン・ルターから厳しい批判を受け、西方キリスト教における宗教改革を引き起こすことになった。

ルターは、修道院で厳しい修行を行った。だが、どれほど厳しい修行を行っても、修行では救いは得られないと認識した。そして、救いはただ神の恩寵によるという考え方に至った。人文主義者でカトリックの神学者のデジデリウス・エラスムスが『自由意志論』を著して自由意志を肯定する主張をすると、ルターは『奴隷意志論』を公表して、人間は奴隷と同じで人間の意志の自由など一切ないと説いた。ルターは、人間に意志の自由があるという説は、ペラギウスの説と同じであり、到底、容認できないと反駁した。

ルターは神の絶対性を強調することにより、人間の自由意志を否定した。救済は、人間の善行・功徳によって得られるのではなく、全く神の意志によるとした。パウロ以来の予定説を継承し、救済における因果説を否定した。これは、ローマ・カトリック教会が古代においてはパウロ＝アウグスティヌスの予定説を教義としていながら、中世においてはトマス・アクィナスが因果説と予定説を折衷した教義に変化していたことへの反論ともなっている。

ジャン・カルヴァンは、ルターの考え方では不十分だとし、予定説を論理的に徹底した。カルヴァン以前の予定説は、アダムとエバは自由意志によって原罪を犯したのであり、神の予定は堕罪後の人間に関するものとする。これを堕罪後予定説という。これに対し、カルヴァンは、アダムとエバが原罪を犯したことをも神が予定していたとする。これを堕罪前予定説という。二重に予定されていたと考えるので、二重予定説ともいう。

カルヴァンが予定説を徹底して堕罪前予定説を説いたのは、堕罪後予定説では神はアダムとエバが罪を犯すことを前もって知らなかったことになり、神の全知が否定されるからである。堕罪前予定説には、全知全能の神ゆえ、堕罪も予定していたとして論理的な一貫性がある。しかし、この説は、神の絶対性を強調するあまり、人間の自由意志を完全に否定することになる。

カルヴァンによると、神は死後永遠の生命を与える人間を既に選び、他の人間は永遠の死滅に予定した。誰が選ばれているかは、神のみぞ知る。自分が選ばれた人間かどうかは、誰にもわからない。そのうえ、この世における人間の努力は、神の救いを得るためには一切関係ない。つまり人間が神の決定を変えることは、絶対に不可能とカルヴァンは断じた。カルヴァンの予定説では、人間は「救われる者」と「救われない者」とに、このうえなく不平等に創造されていることになる。敬虔崇高な善人が救済されず、悪逆非道の悪人が救済されることもあり得る。それほどまでに神を超越的で絶対的な存在とし、また人間を無力なものと考えるのが、カルヴァンの予定説である。スイス、オランダに多い改革派やイギリスの長老派（プレスビテリアン）等は、この説を信奉する。

だが、オランダの改革派神学者ヤーコブ・アルミニウスは、人間は自らの意志で神の救いを受けることも、拒絶することもできる、とカルヴァンの説に反論した。アルミニウスの神学は、自由主義とデモクラシーが発達したイギリスで、非国教会系プロテスタントに影響を与えた。メソディストは、その強い影響のもと、カルヴァンの予定説とは対照的に、すべての人間の自由意志による救済を説く。クエーカーやユニヴァーサリストは、さらに、すべての者が例外なく救われるとする万人救済説を主張する。キリスト教には、予定説とは正反対のこうした思想があり、現在の世界ではカルヴァン主義者より信奉者が多くなっている。

キリスト教では、神は人間を愛するゆえに独り子イエスを遣わし、神の子であるイエスの死は原罪を贖った。イエスの犠牲によって人間は、再び神と結びついた。イエスをキリストと信じる者は罪の赦しを得て永遠の生命に入る。神に至る道は一つであり、イエスによるのみであると説く。

だが、もしイエスが救世主であり、イエスの死は原罪を贖い、それによって人間は再び神と結びついたとすれば、その時点で人類の悩みは解決しているはずだろう。イエスの贖罪によって原罪が消滅したのであれば、女性の産みの苦しみや男性の食糧を得るための労働、そして何より人間の死は解決するだろう。だが、実際には、それらは解決していない。このことは、イエスの贖罪によって人類の原罪は消滅していないことを示している。

ローマ・カトリック教会では、イエスによって原罪が消滅したとはせず、人間は原罪を受け継いでいるとする。イエスはその罪から救われる道を開いた。洗礼を受け、カトリック教会の指導を受けることによってのみ、原罪から救われると説く。だが、もしそれによって原罪から救われるものならば、人類の罪は赦されたことになり、罪に対する罰の死はなくなり、人類は死から解放されるはずだろう。

この点に関してどのように説明するか。ローマ・カトリック教会の説明は、概略次の通りである。人の死は仮の姿である。肉体は腐敗するが、最後の審判の時に神が完全な身体を与えてくれる。そして、無罪の判決が下った者は、神の国で永遠の生命を得る。有罪の判決が下った者は、永遠の死となる。この永遠の死こそ本当の死であり、もはや復活はない、とする。

この説明は、人類が死から解放されたことを論証するものとなっていない。死そのものは、厳然たる事実として、すべての人間に必ず訪れる。イエスの贖罪は、その事実を変えるものになっていない。

キリスト教においては、因果説を部分的に採っている場合も、最終的に人間が救済されるか否かは、再臨したイエス・キリストが行う最後の審判によって決定されると考える。それゆえ、イエスに万人を救済する力がなかったり、イエスが自ら再臨しなかったりすれば、キリスト教における救済は成り立たない。

次に、イスラーム教について述べると、イスラーム教はユダヤ教とキリスト教に学んだ宗教であり、救済の教理は、本質的には予定説である。イスラーム教徒は、天国に行くために、六つのことを信じ、五つのことを守らねばならない。これを六信五行という。六信の一つに、天命を信じることがあり、信徒は神の意志による予定を信じる。また、イスラーム教では、アッラーを信ずる者は、みな来世の天国に行けると教える。一種の万人救済説である。キリスト教の主流とは違い、神が予め救う者を選別しない。そのうえ、イスラーム教は、人間の自由意志を認める。この点も、キリスト教の主流の考え方と異なる。

イスラーム教では、現世の物事の大筋は神によって定められているが、信徒は自らの自由意志によって、現世を生きねばならぬ義務を与えられているとする。アッラーは人間が自ら運命を変えぬ限り、人間の運命を変えることがないとする。信徒にとって現世は試練の場であり、そこで彼が自らの意志で選び取ったことの結果によって、来世での地位が定められると考える。そして、来世で天国へ行くか地獄へ行くかは、現世で良いことをするか悪いことをするかによって決まるとする。この部分は因果説である。ただし、最終的にはアッラーの意志によって決定されるとするところも特徴的である。また、現世で罪を犯しても、他の神を信じることがなければ、最後はアッラーの赦しを受けて天国に行くことができるとする。この赦しへの期待は、アッラーを慈悲あまねく慈愛深き神と信じることによっている。

(5) 解脱を目指す宗教と因果説

予定説は、セム系の唯一神教においてのみ成り立つ救済の原理である。ヒンドゥー教や仏教は、これとは別の救済の原理を説く。それは因果説である。

因果説は、物事には原因があり、それが結果を生むという考え方である。人間は良い行いをすると、それが良い原因となって良い結果を生む。悪い行いをすると、それが悪い原因となって、悪い結果を生む。これを因果応報という。因果応報の考え方は、世界に広く見られる。キリスト教やイスラーム教にも、因果説の考え方があることは、先に述べた。

だが、ヒンドゥー教や仏教の因果説は、単なる因果応報論ではない。輪廻転生の観念と結びついているからである。人間は輪廻転生を繰り返すという観念は、古代のエジプト、ギリシャ等にもあるが、この観念に基づく宗教が大きく発達したのは、インドにおいてである。インドに現れた諸宗教では、ある行為の結果は、必ずしも現世において現れるとは限らず、来世またはその次の世、そのまた次の世というように死後、転生した後の世に現れることがあると考える。この点は、キリスト教やイスラーム教とは全く違う考え方である。また、唯物論的な科学における因果論との決定的な違いでもある。

インドに興ったヴェーダの宗教、ヒンドゥー教、ジャイナ教、仏教等の宗教は、輪廻の世界に存在することを苦しみとし、そこから抜け出ることを目的とする。この脱出を解脱と呼び、どのようにすれば解脱できるかを、究極の課題としている。

輪廻の観念は、ヴェーダの宗教で確立された。ウパニシャッドは、人間は死んで火葬にされると、月に上り、雨となって地に下り、食物となり、精子となり、母胎に入って再生するという説を記している。輪廻の観念は、こうした自然と生命に関する素朴な考察から生じたものである。だが、この観念が哲学的な思索を通じて、宗教的な人間観、世界観、実在観と結びついて、インド人の思考を根本的に特徴づけるものとなった。

ウパニシャッドは、輪廻の原動力を行為すなわち業とする。人の行為はすべて結果を伴い、それが未来に影響し、輪廻転生をもたらす。輪廻の世界からの脱却は、業を消し尽くすことによって可能になる。それは、梵我一如という真理を直観し、アートマンである自己がブラフマンに合一することによって、実現されるとする。ブラフマンを神に置き換えれば、神人合一である。

こうした思想を持つヴェーダの宗教をキリスト教と比較すると、まず人間観、世界観、実在観が全く違う。キリスト教の主流では、神と人間が合一することはあり得ない。創造者である唯一神と被造物である人間とは明確に区別され、原理的に神と人間が合一することはできないと考える。これに対し、ヴェーダの宗教では、「一なるもの」が展開して宇宙の万物が出来たとするから、創造原理と被造物とは本質的に同一である。それゆえ、ブラフマンとアートマンの合一が可能だと考える。また、キリスト教における人間の目標は、天国に入ることであり、究極の目標は、最後の審判において、イエス・キリストによって救われ永遠の生命を得ることである。これに対し、ヴェーダの宗教における人間の目標は、輪廻の世界からの解脱である。

ヴェーダの宗教は、紀元前一五〇〇年頃インドに侵入したアーリヤ人が抱いていた宗教だが、これが土着の非アーリヤ人の宗教と融合して、ヒンドゥー教に発展した。ヒンドゥー教の聖典の一つに、大叙事詩『マハーバーラタ』がある。その一章をなす『バガヴァッド・ギーター』では、抽象的で非人格的なブラフマンに替わって、ヴィシュヌという人格神が最高神とされる。『バガヴァッド・ギーター』は、解脱のための道をヨーガと呼び、行為と知識と信愛という三つの道を説いている。行為（カルマン）による道はカルマ・ヨーガといい、階級・立場に伴う義務的行為を遂行することが解脱への道となるとしている。知識（ジュニヤーナ）による道はジュニヤーナ・ヨーガといい、精神・物質の二元論的な世界観に立って、精神原理（プルシャ）である自我と物質原理（プラクリティ）からなる身体とを区別することを知り、これを体験を通じて理解・体得することが解脱への道としている。信愛（バクティ）による道はバクティ・ヨーガといい、宇宙の創造・維持・破壊を司る宇宙神ヴィシュヌに対する熱烈な愛と信仰を通じて、神の恩寵を受けることが解脱への道としている。

カルマ・ヨーガとジュニヤーナ・ヨーガは自力の道であるが、バクティ・ヨーガは他力による解脱への道である。ウパニシャッドの時代には、解脱への道は自力の道だった。また、バラモン階級や出家者でなければ、歩むことができないとされた。だが、『バガヴァッド・ギーター』によってはじめて、たとえ行為や知識の道を歩むことができなくても、神を信仰することにより神に救済されるという道が示された。これは、大衆に解脱への希望を与えるものとなった。

ヒンドゥー教は有神教であるから、神との合一あるいは神への帰属を解脱という。だが、単なる神秘主義ではなく、古代から高度な哲学的思考が行われた。真理に関する様々な「見解（ダルシャナ）」を説く学派が現れ、その主なものを六派哲学という。すなわち、ニヤーヤ学派、ヴァイシェーシカ学派、サーンキヤ学派、ヨーガ学派、ミーマーンサー学派、ヴエーダーンタ学派である。これらの学派の哲学は、すべて輪廻と業の思想をもとにしており、解脱を究極の目標としている。インドの哲学はこの宗教的目標を達成するための手段であり、宗教と不離一体である。また、単なる知的考察ではなく、宗教的実践を伴う。

六派の中でこの実践の方法としてヨーガの行法を体系化したのが、ヨーガ学派である。行法としてのヨーガの起源は、インダス文明にまで遡る。古代のヨーガは、呼吸の制御にはじまる瞑想を中心としたものだった。心身を鍛錬するハタ・ヨーガは、十三世紀に出来たものとされる。ヨーガ学派は、解脱を目指すための行法として、八支ヨーガを説く。修行者は禁戒、勧戒、座法、調息、制感、疑念、禅定、三昧の八段階を修める。その過程で、輪廻の原因である無明が除かれ、無明による業は結果を生じることがなくなる。その結果、生前において解脱することが可能とする。これを生前解脱という。また、生前解脱者が死によって魂が身体から離れ、最終的に解脱を達成することを離身解脱という。ヨーガ学派が説く修行方法は、他の学派やヒンドゥー教の各宗派に取り入れられた。

ヒンドゥー教は、輪廻の世界からの脱却を目指すので根本的には現世否定的だが、一面においては現世肯定的でもある。というのは、解脱を究極の目的としつつ、人生を学生期、家住期、林住期、遊行期の四住期に分け、各段階を解脱を目指すための階梯として位置づけるからである。学生期はヴェーダを学ぶ時期、家住期は結婚して家族のために尽くす時期、林住期は林に住んで解脱を目指す生活をする時期、遊行期は解脱を目指して遊行する時期である。これらのうちの中心は家住期とされ、家長は家業に務め、家族を養い、子孫（特に男子）を作り、祖霊を祀る等の社会的責任を果たす。その役割を果たした後、自分の解脱のための段階に入るべきものとされている。

ここでインドにおける祖先崇拝について指摘しておきたい。インドでは輪廻転生を信じ、死後霊魂は転生するとして、墓を造らない。だが、家庭においては、先祖供養の儀礼を行う。これは祖先や父母の霊は、死後もあの世から自分たちを守ってくれているという信仰に基づく儀礼である。死者たちに飢えや渇きといったひもじい思いをさせないことを、生きている者の義務と考え、毎朝、祖霊に水を供える。またシュラーッダと呼ばれる祖先の供養祭には、米や豆の粉で作った団子を供えて祖霊を慰める。

輪廻転生説によれば、祖先や父母の霊は別の生命体に再生しているはずであり、霊界には存在せず、供養することは無意味だろう。本来、輪廻転生の思想と祖先崇拝は、論理的に両立しない。だが、インドにおいては、家住期にある家長は、先祖供養の執行を重要な義務とする。また、インド人の夫婦は、祖先の祭りを担う男子を授かることを熱心に願って子作りに励む。こうした祖先崇拝は、神道や儒教と基本的に同じものと考えられる。人類の極めて古い時代から続く祖先崇拝が根本にあり、その上に後から輪廻転生の思想が加わったものだろう。私は、インドにおいて、輪廻転生の観念が確立され広く浸透してもなお、その観念と対立する原始的な祖先崇拝が続いているという事実は、輪廻転生の観念の虚構性を示すものだと考える。

さて、話をもとに戻すと、インド人の中には、人生の四段階を踏まずに、若くして解脱を目指す修行生活に入る者がいる。彼らは、現世否定的である。この少数者の生き方に通じる教えが、仏教である。

仏教は、ヴェーダの宗教に対する批判として現れた宗教の一つである。本来、無神教であり、基本的に有神教とは人間観、世界観、実在観が異なるが、輪廻と業と解脱の思想を受け継ぎ、これを独自の考察によって発展させた。

仏教は法（ダルマ）の真理を解明し、それを実践することで解脱を目指す宗教である。釈迦の教えは、現世否定的である。家族を捨て、出家して解脱を目指す修行を行う。

釈迦は、解脱を目指すために中道、四諦、八正道を説いた。中道とは、快楽主義と苦行主義の両極端を離れた道である。四諦とは、人生は苦しみである（苦諦）、苦しみの原因は愛着・渇愛にある（集諦）、苦しみの原因は滅せられるべきである（滅諦）、苦しみの原因消滅に導く道がある（道諦）という苦集滅道の四つの真理をいう。八正道とは、道諦の内容であり、正見・正思・正語・正業・正命・正精進・正念・正定、すなわち正しい見識・思惟・言葉・行為・生活・努力・思念・瞑想の八つの道を、解脱に至る道であると説く。

有神教であるヒンドゥー教は、人間の行為の結果は神がもたらすものとするが、無神教である仏教は、行為の結果は因縁果の理法によって生じると説く。すべてのものは、直接的な原因である「因」と間接的な条件である「縁」によって生まれるとするもので、これを縁起説または因縁生起説という。十二縁起説では、苦しみの根本原因を無明とし、そこから業が起こり、様々な苦しみが生じることが体系的に説かれている。

こうした仏教の教義は、諸行無常、一切皆苦、諸法無我、涅槃寂静という四法印にまとめられる。実践の目標は、解脱によって涅槃に到達することである。涅槃は、業を生み出す欲望や執着すなわち煩悩の火が消え、絶対的な静寂に達した状態である。解脱を目指す修行法としては、主に瞑想を行う。この瞑想はヨーガの一種である。

仏教は本来、解脱を目指して修行に打ち込む出家者のための教えである。初期仏教や部派仏教では、出家して多くの戒律を守りながら、厳しい修行生活を送った。そのような道を進むことのできない者は、輪廻の世界から脱却することがかなわない。だが、これに対し、在家者であっても解脱への道を進むことができると説く動きが現れた。それが大乗仏教となった。

大乗仏教の多くの宗派及び密教は、法を人格化したり、仏陀や如来、菩薩等を神格化する傾向が強い。それらは、神を仏、如来、菩薩等という名で呼ぶ有神教と見ることができる。有神教化した仏教の宗派には、ヒンドゥー教の影響が目立つ。たとえば、阿弥陀如来を信仰する浄土系の宗派は、バクティ・ヨーガにおける神の恩寵が、阿弥陀如来の慈悲という表現に替わったものと見ることができる。浄土信仰は他力による解脱への道であり、神への信仰が仏への信仰に置き換わり、仏に救済される道となっている。

ヒンドゥー教では、バクティ・ヨーガを実践するヴィシュヌ教やシヴァ教が民衆の支持を得て二大宗派となった。これらの宗派では、多くの場合、信仰を中心としつつ、業を消尽するための修行も行う。すなわち他力だけでなく自力も必要とする。また、インド仏教の阿弥陀信仰は、浄土に生まれた後、阿弥陀如来の説法を聞いて修行をして悟ることを目指す。それゆえ、信仰だけでなく、修行も必要だとする。これに対し、わが国においては、浄土真宗の開祖・親鸞が南無阿弥陀仏と唱えるだけで、誰もが阿弥陀如来のいる極楽浄土に往生できると説いた。これは、完全他力である。自力による修行は、必要ないわけである。また、阿弥陀浄土に生まれることが最終目的とされ、ただ浄土への往生を願う。日本では、仏教を通じて輪廻転生の観念を受け入れたが、この極楽往生の願いは、神道の単生説に近い考え方になっている。

親鸞の教えは、一種の万人救済説であり、人間の究極的な願望を表したものといえよう。民衆は、俗世間で生活をしながら、死後の救いを願望する。簡単に唱えられる念仏や多少の供養をすれば、極楽に往生できるとして救いが約束されていれば、苦難に満ちた人生においても心の安らぎや慰めが得られる。

ヒンドゥー教にも浄土真宗に近い考え方があり、ヴィシュヌ教のテンガライ派は、神の恩寵によって救済されるのであり、必要なのは神への献身的帰依だけで、修行は必要ないとする。

だが、完全他力や献身的帰依で実際に救われるかどうかが、重要である。救済の実証なく、救済を保証することは、単なる気休めを与えるだけとなる。

インドでは、七世紀頃、ヒンドゥー教の一宗派としてタントラ教が現れた。シャクティ派ともいう。タントラ教では、ヨーガによって、身体に内在するエネルギーを開発して神との合一を図る。インドの仏教はタントラ教の影響を受けて密教化し、十三世紀頃にはヒンドゥー教に吸収されてしまった。

仏教では、真の悟りを得たものをブッダ（目覚めた者、仏）という。仏教は、仏が説いた教えであると同時に仏になるための教えである。だが、誰でも仏になれるのではない。仏教において、解脱に到達してブッダとなり得たのは、ゴータマ・ブッダが六人目とされている。ゴータマの後にブッダとなり得るのは、現在兜率天で修行中の弥勒菩薩とされる。弥勒菩薩がブッダとなるのは、遠い将来のこととされ、五十六億七千万年先という説もある。このことが意味するのは、解脱し得るのは膨大な数の人間のうち極わずかと考えられているということである。

実際、仏教では出家して生涯を厳しい修行の道に捧げても、解脱に至れる者は、極まれである。まして普通の生活を送っている者がその境地に到達することは、ほとんど不可能である。そのため、観念的な自己満足に陥りやすい。

（6）神義論と因縁果の理法

宗教の教義に従って苦悩からの解放を目指す者にとって、なぜ善人が苦悩や不幸に遭い、悪人が快楽や繁栄を得るのかは、大きな疑問である。この問いにどう答えるかは、宗教や道徳の根本に関わる課題である。この問いは、キリスト教においては、なぜ神は善人が苦悩や不幸に遭うのをそのままにし、悪人が快楽や繁栄を得るのを許すのか、という理由を問うものとなる。その理由を説明し、神が正しいことを証明する方法を、神義論（Theodizee、テオディゼー）という。哲学的・神学的に言えば、悪の存在に対して神の義（ただ）しさを弁証する方法であり、弁神論とも訳す。

社会学的見地から世界の諸宗教を研究したマックス・ウェーバーは、キリスト教は予定説によって、神義論を完全に解決していると説いた。キリスト教の主流が依拠する予定説によれば、神がある人間に恩恵を与えて救済するか、恩恵を与えず救わないかは、神の自由な選択による。神によって救いに選ばれるか否かは、人間の自由意志には関係がなく、人間の努力は神の意志に影響しない。この説に立てば、善人の苦悩や不幸も悪人の快楽や繁栄も、すべて神が決めたことだという説明が成り立つ。それゆえ、キリスト教の神を弁護する神義論は完璧だ、とウェーバーは考えた。ウェーバーはカルヴァン主義のプロテスタンティズムを高く評価するので、この見方には、彼の主観的な価値観が反映している。決してウェーバーの理論は価値中立的ではない。

ウェーバーは、キリスト教以外ではヒンドゥー教が別の仕方で神義論の課題を解決しているという。ヒンドゥー教は有神教であるから、先の問いについて、神義論という用語を使うことができる。ヒンドゥー教は、現在の状態は過去に原因があり、その結果であると説明する因果説を説く。また、霊魂は輪廻転生するという考え方をし、現世における苦悩や不幸の原因は、過去世における自身の行為に原因があるとする。この場合、過去世において自分が積んだ悪い業を消滅することができれば、自分の苦悩や不幸は解決することになる。悪人は、現世において快楽や繁栄を得ていても、来世において自らの悪行の報いを受けると理解される。ヒンドゥー教は、この法則は神の意志によって働くものとみなす。神は、いかなる行為も見逃さず、あらゆる行為について、それに応じた結果を与えると考えるのである。

仏教は無神教ゆえ神義論という言い方は不適当であるが、因縁果の理法によって、なぜ善人が苦悩や不幸に遭い、悪人が快楽や繁栄を得るのかという問いに対して、合理的な説明を可能にする。ヒンドゥー教との違いは、因縁果の理法は原理・法則であって、人格神の意志の働きではないとする点にある。これは、言ってみれば法義論である。

ここで神道について触れると、浄化を願う宗教である神道では、苦悩の原因は穢れである。穢れの除去は、主に儀礼による。儀礼を中心とする実践の中に、神々への信仰と禊の修行という要素もある。神道では、ヒンドゥー教や仏教と異なり、個々の霊魂の輪廻転生よりも、祖先から子孫への生命のつながりを重視する。家族的な生命の継承が信仰の目的の一つとなっている。この点は、シナの儒教と共通する。

この東北アジア的な考え方が、日本仏教の多くの宗派に強い影響を与えている。その影響下にある宗派では、個々の霊魂の輪廻転生による因果関係よりも、家族における祖先と子孫の間の因果関係が主要なものとなっている。祖先の行いの結果や霊となった祖先の状態が子孫に影響していると考えるならば、祖先の霊を慰めたり、救ったりできれば、自分の苦悩や不幸は解決することになる。悪人については、現世において快楽や繁栄を得ていても、そこで積んだ罪は、子孫に結果を及ぼすことになると考える。親の因果が子に報いるという考え方は、インド的ではなく、日本的な因果応報の思想である。祖先から子孫への生命のつながりを重視する日本的な生命観に立つならば、仏教の因果説は、個々の霊魂の輪廻転生に関するものではなく、家族を中心とした世代間の生命の継承に関するものに、修正されなければならない。

さて、これまで、救済を目指す宗教と予定説、また解脱を目指す宗教と因果説について主に書いてきたが、ここでそのまとめを述べたい。予定説を徹底すれば、カルヴァンの思想になる。因果説を徹底すれば、初期仏教及びそれを継承した部派仏教となる。徹底した予定説では、救いの保証と安心がない。徹底した因果説では、過酷な修行が求められる。いずれも困難な道である。そこで、これらの中間の説が現れる。だが、当然、論理的には矛盾を孕むものとなる。

こうした教義の優劣を言い争ったところで、実証が伴わなければ、空理空論のやりとりである。どのような考え方、どのような方法であれ、救いを目指して信仰した者、解脱を目指して修行した者が、実際に救済や解脱を得られたのかどうかを、客観的に確認する方法が必要である。

解脱とはどのような境地なのか。それはその境地に達した者でないとわからない。たとえ、本人が生前解脱したと主張しても、その境地に達していない者には、真偽を確かめることはできない。死によって霊魂が身体を離れて、天国に上ったとか、離身解脱したと崇拝者や弟子等が主張しても、死後その霊魂がどういう世界に行ったのか、現世の人間は誰も確認できない。また、輪廻転生説の場合、仮にその霊魂が死後、高い次元の世界に移っていたとしても、未来永遠にこの世に再生しないということは、誰も確認できない。それゆえ、輪廻の世界からの解脱という観念は究極の願望であって、検証不可能な理想である。

ただ一つ、現世において客観的に確認が可能なものがある。死後における遺体の状態である。古来、洋の東西、宗教の違いを越えて、高僧・聖者等の死においては、通常の死の現象とは異なる現象が現れることが記録されてきている。すなわち、死後硬直がない、遺体が腐敗しない、遺体の体温が長く冷めない等の現象である。こうした現象は、霊魂が解脱または救済を得た証とされてきた。これを大安楽往生現象という。

大安楽往生とは、第４章の来世救済の項目で、来世救済の理想的な形態と書いたものである。ここで具体的に述べるべきところに至った。

(7) 大安楽往生と魂の救い

大安楽往生とは、健康で寿命を全うして、死の恐怖や苦痛から解放されて安らかに亡くなり、遺体には死後硬直がなく、長時間体温が冷めず、死臭・死斑の現れない現象をいう。これこそ来世救済が真に実現されたことを客観的に確認し得る現象である。

心霊論的に見ると、人間の成長と変化は、蚕における「蚕―サナギ―成虫」の成長と変化に例えることができる。この世における人間の生活は、蚕の段階に当たる。人間は、この世界に生まれ、成長し、活動を行い、やがて死ぬ。息を引き取った後、しばらくの期間における遺体は、サナギの段階に当たる。そして、蚕がサナギから抜け出て、成虫となって飛び立つように、人間の霊魂は次の段階に移っていく。蚕には、成虫の世界は分からない。これと同様に、現世の人間には、来世の存在は分からない。寿命が尽きた時にはじめて次の段階に入る。蚕の段階にある人間が、来世に関心を寄せても、時が来なければ、真相はわからない。自ら経験できる段階になった時に、はじめて経験できるようになる。蚕は蚕として成長・活動していけば、やがて時が来て、サナギになり、成虫になる。人間も現世において成長・活動することに専念していけば、やがて時が来て、次の段階に移り、その段階でなければ経験できないことを経験するようになる。こうした人間が体験できる死の際における最高の現象が、大安楽往生なのである。

大安楽往生は、従来の宗教で魂の救済や解脱を示す現象として位置づけられてきた。しかし、その達成は極めて困難であり、大安楽往生現象に相当するか、またはそれに近い事例は、過去の宗教では極まれにしか記録されていない。

仏教においては、弘法大師空海や法然の臨終相は、死後、生きているような姿だったと伝えられている。高野山中興の祖・覚鑁は、死後三十二時間経過しても身体はなお温かで、生きているようで善人至極の相だったと記録されている。こうした現象は、罪障が消滅したことによって現れるとされる。

道教では、葛洪が「顔色は生きているようで、体は柔軟で尸（しかばね）を挙げて棺に入れると甚だ軽く空衣のようだったので、世の人々は彼を尸解仙と言った」と伝えられている。また『高僧伝』神異編において、保誌は屍体が柔軟で香りがよく、顔には悦びの色が現れていたと記されている。こうした現象は、過去の悪行が消滅したことによって現れるとされる。

キリスト教においては、ルルドの泉で知られる聖ベルナデットは埋葬までの四日間死後硬直なく、皮膚はバラ色で、死臭等の腐敗の兆候が見られなかったという。アッシジの聖フランシス、ローマ教皇ピオ五世も同様の現象があったと伝えられている。ローマ・カトリック教会では、こうした遺体の状態は原罪が浄化されたしるしとされ、列聖において重要な要素とされている。このことは、東方正教会に所属するロシアにも共通する。ドストエフスキーの小説『カラマーゾフの兄弟』は、長老ゾシマの死を描く場面で、民衆が腐敗しない遺体に対する大変根強い信仰を持っていたことを記している。

今日世界的に有名な宗教家や霊能者において、確かな記録を以って知られる大安楽往生の事例は、ほとんどない。アメリカで活躍したヨーガの指導者、パドマハンサ・ヨガナンダは、その極少数の例と考えられる。彼は一九五二年三月七日に死去した後、遺体は埋葬まで二十日間安置されたが、その遺体が腐敗しなかった、とロサンゼルスのフォレスト・ローン墓地の遺体仮安置所の所長が証言している。

現代の科学に照らして考えるならば、普通の死の場合、呼吸が止まり、心臓の鼓動が停止すれば、やがて肉体は腐敗をはじめる。大安楽往生現象において、遺体が腐敗しないということは、通常の生化学的な現象の法則が働いていないことを意味する。腐敗が進行しなければ、腐敗に伴う死臭が発生しない。生体において体温が維持されているのは、内臓、筋肉等の活動によって熱が発生するからである。それらの活動が停止すれば、遺体は普通の物体と同じく、室温またはそれに近い温度にまで冷たくなる。大安楽往生現象において、遺体の体温が長時間冷めないということは、生命活動が停止しているにもかかわらず、体温が維持されているのであるから、通常の生命現象の法則が働いていないことを意味する。遺体の下部に死斑が表れるのは、心臓が止まって血液が循環しなくなったので、重力の法則に従って血液が下方に沈降し、皮膚の表面に血斑を生じるものである。大安楽往生現象において、心臓が停止し血液が循環しなくなったのに、死斑が表れないということは、宇宙で最も普遍的な物理法則である重力の法則が働いていないことを意味する。このように、大安楽往生現象は、これまでに科学が発見した法則を超えた現象であり、現代の科学が発見できていない法則の存在を示唆する現象である。

大安楽往生現象は、宗教的には、原罪、業、穢れ等が浄化されて、魂が救済や解脱を得たしるしと考えられてきた。救済または解脱を得た魂が天国・極楽等と呼ばれる場所または次元に移る時に、現代の科学による物理や生命の法則を超えた法則または力が働くものと考えられる。

先に書いたように、大安楽往生と思われる事例は、古代から今日まで極少数だが伝えられて来てはいる。だが、それらの事例においても、自分一人が達成できるのがよほどよいところであり、他に多数の弟子や信者までを大安楽往生させ得たという事例は、人類の歴史に全く前例がなかった。ところが、現代の日本では、こうした極めてまれな貴重な現象を普通の人々が多数体験しているという驚異的な事実が存在する。私が生涯の師とし、神とも仰ぐ大塚寛一先生のもとで、既に七十年間以上続いている偉大な事実である。

大安楽往生は「崇高なる転生」ともいう。関心のある方は、次のサイトをご参照願いたい。

http://srk.info/experience/

今後、世界の科学者・医学者が大安楽往生現象を研究するならば、宗教に関する認識・評価が刷新され、同時に従来宗教の理想が実現し、諸宗教の発展的解消が進んでいくだろう。

第6章　宗教と社会及び政治

(1) 宗教と社会

●社会を統合する機能

第3章から第5章にかけて、宗教の構造的要素である教義、実践、体験に関することを書いた。次に、宗教の機能に観点を移す。機能のうち個人に対するものは、個人の体験内容と重複することが多い。体験については第4章に書いたので、あえて繰り返さず、この章では宗教の社会に対する機能に関することを書く。宗教の社会的機能で特に重要なもの、二点に絞って述べる。社会を統合する機能と社会に規範を与える機能である。

宗教は、社会を統合する機能を発揮することで、共同体の精神的な中核となってきた。氏族的・部族的な社会で執行されていた儀礼は、共同体を挙げて行うものであり、政治・軍事の指導者である首長が中心となって執り行った。そうした社会において、神話的信仰に基づく原始的な宗教は、集団生活の最重要部分を構成していた。

氏族的・部族的な社会が発展することにより、氏族・部族の連合に基づく国家が形成された。さらに氏族・部族より大きな規模の集団として民族が形成されていった。古代的な国家は、政治・軍事・祭儀の共同体であり、国家の首長である王が中心となって祭儀を執り行った。王の権力のもとで諸氏族・諸部族の神話が編集されて、民族的な神話が生み出された。また、原始的な宗教が発展して、王のもとに儀礼を司る専門職が置かれ、儀式や慣習が制度化された。そこに発達した民族宗教は、その民族の国家を統合するものとして、国家の精神的な中核となっていた。

ある国家が周辺の国家や氏族・部族を征服・支配して勢力を拡大する過程で、支配集団の宗教が被支配集団に強制されることが多く起った。被支配集団の神殿、祭壇、聖地等が破壊されたり、祭祀王、シャーマン、神官、僧侶等が殺害されたりして、集団固有の宗教が奪われた。逆に、被支配民族が高度な宗教を発達させていた場合には、その宗教が支配民族に浸透し、支配者の側を帰依せしめることもしばしば起こった。

一定の地域で諸民族・諸国家が興亡盛衰を繰り返しながらも、他の地域とは異なる文化を長く維持・継承している場合は、その社会を文明と呼ぶことができる。文明とは、ある程度高度に発達した文化を持ち、一般に一つ以上の国家や複数の人種・民族を含む大規模な社会をいう。

文明が保持する文化の中核には、宗教がある。軍事的な征服や政治的な支配によって勢力を拡大した国家においても、支配集団は、単なる力による支配のみでは、社会の秩序を維持していくことが困難である。そこに異なる文化を含む社会を統合する機能を持つ宗教の重要性がある。

古代のメソポタミア文明、エジプト文明、エーゲ文明、ペルシャ文明、ギリシャ＝ローマ文明等では、主に支配集団が信奉し、制度的に発達した多神教が存在した。インド、シナ、日本では、それぞれの原初宗教から高度宗教が発達し、今日まで続いている。すなわち、ヒンドゥー教、儒教、道教、神道である。これらは、高度に発達した多神教であり、それぞれの地域で発生・発達した文明の宗教的中核となっている。そうした文明が、インド文明、シナ文明、日本文明である。これらの文明は、古代から存続する文明であり、現代世界においても主要文明に数えられる。また、ヒンドゥー教、儒教、道教、神道は、現代まで続く民族宗教となっている。そして、これらの宗教は、その社会を統合する機能を発揮している。このことは、直接宗教による政治が行われていることを意味しない。その社会の伝統となって、家族・地域・国家を精神的に統合し、さらに諸国家に広がる広域的な社会を文化的に統合する力として働いているということである。

同じことは、ユダヤ教、キリスト教、イスラーム教についても指摘することができる。ユダヤ教はユダヤの民族宗教として、古代から今日まで社会を統合する機能を発揮している。キリスト教はユダヤ教から派生して、民族・文化を超えて広がる強い普及力を現し、ローマ帝国の国教となって社会的統合力を発揮した。ローマ帝国の滅亡後は、キリスト教の教会が広大な地域を統合する精神的な権威となった。その統合力は、中世の神聖ローマ帝国を経て、現代の欧州連合にまで続いている。ユダヤ教及びキリスト教の影響を受けたイスラーム教は、アラブ系、トルコ系等のイスラーム帝国の精神的中核となり、広大な地域を統合する機能を発揮した。オスマン・トルコ帝国の崩壊後、西洋文明の影響で近代国家が群立するようになった後も、イスラーム教の統合力は失われず、イスラーム文明の中核であり続けている。

●社会に規範を与える機能

次に、宗教の持つ社会に規範を与える機能について述べる。人間は、生物的存在として生存・繁栄し、また文化的存在として文化を継承・発展させるために、集団生活を営む。集団生活には、社会的な秩序が必要である。秩序とは、物事の規則だった関係である。社会的な秩序を維持するためには、何らかの決まりごとがなければならない。決まりごとがあることによって、集団の成員に「してよいこと」「してはならないこと」「なすべきこと」

「なすべきでないこと」等の認識が共有される。

決まりごとには、行為や判断や評価を行う際の基準が必要である。それを規範という。規範には、集団的なものと個人的なものがある。集団的な規範を、社会規範という。社会規範は、集団において共同生活を行うため、成員が行為、判断、評価を行う際の基準として共有されている思想である。個人規範は、これをもとに集団の中で個人が自らに対して定めるものである。

社会規範を示す主なものには、習俗、神話、宗教、道徳、法がある。これらの定義と相互関係については、第1章の宗教の定義の項目に書いたが、習俗や神話には、祖先から受け継がれてきた規範が含まれており、それが社会に秩序を与えてきた。多くの宗教は、習俗や神話をもとにして発生・発達した。宗教は、伝統的な規範に対して、独自の教義に基づく規範を加えたり、または一部の慣習を改変したりして、社会に規範を与えてきた。

近代西欧以前及び以外の多くの社会では、宗教は道徳や法をその中に含むものだった。古代のローマ文明やシナ文明では、宗教からある程度自立した道徳思想や法の体系が発達したが、人類史全体では数少ない事例である。近代西欧ではじめて宗教から道徳や法が明確に分離し、独自性を持つようになった。

ただし、近代西欧においても、道徳や法が完全に宗教から自立したのではない。道徳や法が示す社会の規範の根底には、ユダヤ＝キリスト教の教義や観念があり、規範の根拠を突き詰めると、宗教に帰着する。

非西欧では、宗教のうちに道徳と法を含んだ社会規範を保っている社会が、今日も多く存在する。イスラーム教やヒンドゥー教の社会は、その典型である。そして、超越的な力や存在の観念を堅持し、それを中心とした社会規範を保ちながら、近代化を進めているのが、イスラーム文明であり、インド文明である。近代西欧における宗教・道徳・法の分離形態は、非西欧社会で広く承認された形態ではないのである。

それゆえ、宗教の社会に規範を与える機能を論じるには、宗教と道徳及び法の関係を明確にする必要がある。あらためて書くと、宗教から超越的な要素をなくすか、または薄くすると、道徳となる。道徳は集団の成員の判断・行動を方向づけ、また規制する社会規範の体系であり、善悪の判断や行動の可否の基準を示す。道徳のうち制裁を伴う命令・禁止を表すものが法であり、法は集団の成員に一定の行為を命じるか、禁じるかし、これに違反したときには制裁を課する決まりごとの体系である。

続いて、宗教に関する限りでの道徳について述べる。道徳の内容は、宗教によって様々だが、基本的には二つの型に分かれる。自分が他人からしてほしいと思うことを他人に対して行うことを勧めるものと、自分が他人からしてほしくないことを他人に対して行うなと制するものである。キリスト教を例にとると、イエスは、弟子たちに向けて説いた「山上の教訓」の中で、「人にしてもらいたいと思うことは何でも、あなたがたも人にしなさい。これこそ律法と預言者である」（マタイ書七章十二節）と説いたと伝えられる。この教えを、キリスト教では「金の道徳律」という。「金の道徳律」は、積極的な行為を勧めるものである。これに対して、儒教の開祖・孔子は、「己れの欲せざる所、人に施すこと勿れ」（『論語』）という消極的な抑制を勧めた。キリスト教では、これを「銀の道徳律」という。「金の道徳律」と「銀の道徳律」は二者択一ではない。キリスト教では、これらの道徳律をともに実践することを説いている。他の宗教にも、類似した考え方が見られる。

ここで重要なのは、道徳には差別的な道徳と無差別的な道徳があることである。道徳的行為の対象による分け方である。差別的道徳とは、血縁、地縁、社縁等の相手との関係によって、義務の程度が異なるとするものである。関係の近さ・遠さ、濃さ・薄さに応じて、段階的に程度を分ける。無差別的道徳とは、相手との関係に関わらず、人間として為すべき義務があるとするものである。これらの違いのもとにも、宗教がある。

無差別的な道徳の典型とされるのが、キリスト教の道徳である。キリスト教は隣人愛を説く。これはユダヤ教の道徳を発展させたものである。ユダヤ教における隣人愛は、同じ宗教的・民族的共同体に所属する者への愛である。その根底には、選民思想がある。神の選民である自分たちと非選民を区別し、非選民は隣人愛の対象としない。これに対し、イエスは、ユダヤ教の律法について述べ、「あなたがたも聞いているとおり、『隣人を愛し、敵を憎め』と命じられている。しかし、わたしは言っておく。敵を愛し、自分を迫害する者のために祈りなさい」（マタイ書五章四十三〜四十四節）と語ったと伝えられる。これは、あらゆる人間への無差別的な愛を説く教えである。この極限的なあり方が、見ず知らずの他人への自己犠牲的な救援行為である。キリスト教では、それが道徳的行為の理想目標とされる。だが、差別的道徳の側から見ると、親や妻、子、祖先等を軽視して、それらより関係が遠く薄いか、または全く無関係な者に行う自己犠牲的な行為は、本末転倒となる。年老いた親の面倒を見ずに、外国で人道主義的活動を行っているような生き方は、人倫に悖る行為となる。

シナ文明では、孔子が仁の徳を説いた。仁は、忠と恕の両面を持つ。忠は真心、恕は思いやりである。儒教は、孔子の教えを継承し、己を修めて徳を身につけ、その徳をもって国を治める「修己治人の道」を説いた。その実践によって身につけるべき徳は、智・勇・仁の三徳、仁・義・礼・智・信の五常、君臣の義、父子の親、夫婦の別、長幼の序、朋友の信の五倫等とされた。また、子の親に対する愛である孝の実践を、仁を実現する第一段階とする。身近なものへの愛から出発して、その愛の及ぶ範囲を順次拡大していく考え方である。

これに対し、墨家は、孔子による仁は、家族や長たる者のみを強調する差別的な愛（別愛）、限定的な愛（偏愛）であるとして批判した。天が万物を公平無私に愛するように、人もまた自分の国・家・身を愛すると同様に、他人の国・家・身を愛するならば、この世は平和になるとして、兼愛を説いた。兼愛は自他・親疎の区別なく、人々を全く同じように愛する無差別な愛である。キリスト教に近い考え方である。儒教の孟子は、墨家の説は君父を無視するものとして批判した。シナをはじめ日本を含む東アジアでは、家族的生命に基づく道徳観が強く、墨家の思想が広まることはなかった。

差別的な愛は、人類愛的な同胞愛を否定するものではない。儒教の経典である孝経には、「博愛」の語がある。博愛は、広く平等に愛することをいう。わが国の教育勅語は、博愛を徳目の一つとしている。教育勅語は、戦前のわが国で教育と道徳の指針となっていたもので、父母への孝、夫婦の和、兄弟の友という家族愛にはじまり、朋友の信を説いて、「博愛衆に及ぼし」と続く。尋常小学校の「修身」の教科書には、「博愛」という表題がつく単元が三種類あった。「博愛」は、わが国の国民だけでなく他国の国民にも及ぼすべきものということが、幼い子どもたちにしっかり教育されていた。勅語を下された明治天皇の一視同仁、四海同胞の精神が、国民全体によく浸透していた。教育勅語に見られるのは、家族愛、祖国愛から人類愛へと段階的に愛の対象を拡大していく考え方である。キリスト教の無差別的な愛の思想が、理想主義的な傾向が強いのに対し、現実主義的な特徴を持つ。

人類の調和と共存共栄のためには、各宗教が教義の違いを超えて、人類に普遍的な道徳を見出し、これを協同的に実行することが期待される。宗教が持つ社会に規範を与える機能は、今日、人類社会全体に対するものへと発展・向上しなければならない段階に入っている。

（2）宗教の政治への関わり

●政教の関係

宗教の社会的機能には、政治との関係を除いて論じることができない点がある。次にそのことについて述べる。

宗教と政治には、不可分の関係がある。政治は集団における秩序の形成と解体をめぐる相互的・協同的な行為であり、とりわけ権力の獲得と行使に係る現象をいう。権力とは、他者または他集団との関係において、協力または強制によって、自らの意思に沿った行為をさせる能力であり、またその影響の作用である。その根底にあるのは、集団における意思の決定と発動である。

集団における意思の決定と発動によって、権力が発生し、行使される。また、権力の行使によって集団の統合力が働く。その権力的な統合を意味づけるものとして、宗教がある。古代から、宗教に表現される人間観、世界観、実在観をもとに、権力の根拠づけがされてきた。

近代西欧以前及び以外の社会では、政治は共同体の宗教と不可分のものだった。氏族・

部族やその連合による国家では、祭儀と政治は一体のものとして行われた。意思決定のための評議は、神や祖霊の前で行われ、神聖な儀式を伴っていた。世界各地において、古代の国家では国王は祭祀王つまり政治のために祭儀を司る王だった。

集団の統合力が脱宗教化したのは、近代西欧においてである。中世西欧独特のものであるローマ・カトリック教会の教皇権の支配から、教皇権と皇帝権の並立、国王権の伸長、王権から民権への移動が歴史的に継起した。そして、十八世紀後半のフランス革命を通じて、国民主権の国家が生まれ、国家の統合力が脱宗教化した。

十八世紀以降、近代西欧では社会の世俗化が進んだ。世俗化とは近代化・合理化の進展によって宗教の社会的役割が衰退していくことであり、また宗教の個人化ないし私生活化である。世俗化の進行によって、西欧諸国では、宗教的な基盤を持たない政治的な集団が多く出現した。また、政治が他の社会現象に対し、相対的な自律性を持つようになった。

ただし、フランスにおける統合力の脱宗教化の過程は複雑である。一七八九年の市民革命の結果、カトリックを国教とすることが廃止され、いわゆる人権の一つとして信教の自由が保障された。しかし、革命の過程で一時、理性が神格化されたり、「至高の存在」が祭壇に祀られたりして、疑似宗教的な動きがあった。ナポレオンは、カトリック教会と協約

（コンコルダート）を結び、カトリック教会は国教ではないが、それに近い「フランス人の最大多数の宗教」という立場になった。これを公認制度という。その後、一八七〇年に成立した第三共和政のもと、共和主義者や社会主義者が台頭し、国家の宗教からの中立を求める政教分離（セキュラリズム）を主張し続けた。その結果、一九〇五年に政教分離法が成立し、政教分離が制度化された。

政教分離法は、国家が信教の自由を認める一方、いかなる宗教も国家が特別に公認・優遇・支援することはなく、また国家は公共秩序のためにその宗教活動を制限することができることを明記した。また、公共団体による宗教予算の廃止、教会財産の信徒への無償譲渡、公教育での宗教教育の禁止等を定め、ナポレオン以来のコンコルダートは破棄されることになった。こうしてフランスでは、政教分離法によって、政教分離の原則が確立された。ただし、同法は、礼拝への公金支出禁止の特例として学校の寄宿舎、病院、監獄、兵営には司祭の配置が認められるなど、厳密な政府と教会との分離ではなかった。

フランスの政教分離は、国家の非宗教性・宗教的中立性を意味するライシテ（laïcité）の原則に基づく。ライシテが憲法に規定されたのは、さらに遅く一九四六年の第四共和制憲法においてである。以後、その原則がフランス憲法に引き継がれている。

わが国では、一部の憲法学者が日本国憲法は国家と宗教の厳格な政教分離を定めたものだと解釈している。だが、フランスの例が近代国家の典型ではない。むしろ彼ら憲法学者に影響を与えているのは、左翼の思想である。ロシア革命後のソ連では、フランスより脱宗教化が徹底された。唯物論的共産主義の体制がつくられ、それが東欧・中国等に広がった。ソ連の崩壊後、旧ソ連圏には、ロシアを中心とした独立国家共同体（CIS）が存在するが、これは非宗教的な政治的統合による。また、今やソ連に替わって、唯物論的共産主義の旗手となっている中国は、共産党の支配のもとで、脱宗教的な体制を維持している。わが国の一部の憲法学者は、こうした共産主義の影響のもとに、厳格な政教分離こそ国家のあるべき姿と主張しているのである。

だが、政教分離は、もともと政府とキリスト教の特定の教会（Church、教派）の分離を定めるものである。すなわち、国教を設けることを否定したり、特定の教会を政府が公認・優遇・支援することを禁じるものである。政教分離を定めている国には、わが国のほか、アメリカ合衆国、オーストラリア等がある。ただし、政教分離といっても、国家と宗教の関係を全くなくすものではなく、それぞれの国家の伝統が維持されている。

例えば、アメリカ合衆国はかつてイギリスの植民地だったが、イギリスは英国国教会を国教としていたので、政治的な独立は、事実上、国教会からの離脱を伴った。その独立当時の宗教的事情を考慮し、アメリカは緩やかな政教分離である限定分離を採っている。国家行事では、しばしばユダヤ＝キリスト教の儀式が行われる。大統領の宣誓においては、大統領が聖職者の介添えを得て、聖書に左手を載せて宣誓する。どの教会（Church）の聖職者を採用するかは大統領の選択によるが、宣誓において宗教（Religion）は不可欠の要素となっている。また、歴代大統領はしばしば演説の最後に「God bless America」（神よアメリカに祝福を与えたまえ）と述べる。このように、宗教が政治と結びついて社会的な統合力を一定程度発揮している。このことと、米国における政教分離は矛盾しない。また、アーリントン国立墓地には無名戦士の墓があり、その前で年三回、大統領が参加して、ユダヤ＝キリスト教式の戦没者追悼式を行う。

このようにアメリカでは、国家と宗教（Religion）は不可分の関係を持つ。ただし、特定の教会つまりキリスト教の特定の教派（プロテスタント諸派、ローマ・カトリック教会等）とは関係を持たないようにし、複数の教派の教会（Churches）と緩やかな関係を持つ形を取っている。

ヨーロッパに目を転じると、まずEUは現代の世界で政治的統合力による広域共同体の最大のものだが、根底には西方キリスト教による統合力が働いている。また、ヨーロッパでは、歴史的にキリスト教の特定教派を国教としてきた国が多く、現在も政治と宗教が密接な関係を保っている国が少なくない。

イギリスは、信教の自由を保障しつつ、英国国教会を国教とし、国王（女王）が国教会の首長を務めている。また。英国の国歌は「God Save the Queen」（神よ女王陛下を守り給え）であるように、宗教が政治と結びついて、社会的な統合力を発揮している。

二十世紀後半から国教の規定を止めた国が増えているが、今もデンマークは福音ルーテル派を、フィンランドはフィンランド福音ルター派教会とフィンランド正教会を国教としている。アイスランドもルーテル教会を国教に定めている。これらの国では、信教の自由を認めながら、特定の教会を国教に定め、その教会に対してのみ政府は保護・支援を行なっている。こうした国では当然、政治と宗教は切り離せない。

イタリアは、第二次世界大戦後に制定された憲法でカトリック教会を国教に定めた後、一九八五年以降、政教条約（コンコルダート）方式に替わった。スイス、ベルギー等は、優勢な宗教を尊重する寛容令方式を取っている。

それゆえ、国家と宗教の厳格分離は、国際標準では全くない。各国は自らの国の伝統に基づいて、国家と宗教のあり方を定めているのである。

●わが国における政教分離

わが国では、現行憲法で日本国及び日本国民統合の象徴とされている天皇は、伝統的に神道の儀礼を司っている。国民の多くは、新年には神社に初詣に参り、地域の神社の祭りに参加する。天皇が神道の伝統を保っていることを国民の多くは、わが国の文化として理解している。国家と神道の結びつきを徹底的に排除しようとしているのは、共産主義者や一部のキリスト教徒等に限られる。

そうした中で、しばしば政治と宗教の問題として論じられるのが、戦没者の慰霊と靖国神社をめぐる問題である。その論議で自明のことのように語られるのが、政教分離である。憲法にそういう言葉が使われているのではない。条文を揚げるならば、日本国憲法で国家と宗教の関係を定めているのは、第二十条と第八十九条である。

第二十条　信教の自由は、何人に対してもこれを保障する。いかなる宗教団体も、国から特権を受け、又は政治上の権力を行使してはならない。

2　何人も、宗教上の行為、祝典、儀式又は行事に参加することを強制されない。
3　国及びその機関は、宗教教育その他いかなる宗教的活動もしてはならない。

第八十九条　公金その他の公の財産は、宗教上の組織もしくは団体の使用、便益若しくは維持のため、又は公の支配に属しない慈善、教育若しくは博愛の事業に対し、これを支出し、又はその利用に供してはならない。

これらの条文の規定を合わせて、一般に政教分離規定という。政教分離とは、第二十条の冒頭に明らかなように、信教の自由の保障を目的とする制度である。その手段として、国家と宗教団体との過度の関わりを排するものである。ここに定める政教分離とは、国家と宗教の分離ではない。つまり、国家と宗教を厳密に分離して国家が宗教と一切の関係を持たないということを定めているのではない。国家が特定の宗教団体に対して、援助、助長、又は圧迫してはならないということを定めたものである。この点は、日本国憲法の制定にあたったGHQの当事者が、政教分離規定は国家と宗教の分離（Separation between State and Religion）ではなく、国家と宗教団体の分離（Separation between Church and State）であると明言している。Churchはキリスト教の教会または教派を意味する言葉だが、ここではキリスト教以外の宗教に一般化して、宗教団体と理解できる。また、ここにいう国家とはStateつまり政府であり、Nationつまり共同体としての国民国家ではない。つまり、現行憲法の規定の趣旨は、政府（State）と宗教団体（Church）の分離であって、国民国家（Nation）と宗教（Religion）の分離ではない。

現に第二十条一項は、宗教団体について、国から特権を受けたり、政治上の権力を行使したりしてはならないとしている。また第八十九条も、宗教団体への助成禁止条項である。つまり、日本国憲法は、政府と宗教団体の分離を謳っているのであって、条文を素直に読めば、国家から宗教を完全に排除するという発想は出てこない。

ところが、これに異説を唱えたのが、憲法学者・宮沢俊義である。宮沢は、わが国の憲法解釈に多大な影響を与えてきた。宮沢の著書『日本国憲法「コメンタール」』は、政教分離についてフランスをモデルにしている。フランスは、先に書いたように、一九〇五年の政教分離法により厳格な政教分離を採ってきた。宮沢は日本国憲法の政教分離規定もフランスと同じように解釈していいと唐突に厳格分離説を主張した。彼の影響を受けた学者や法律家は厳格分離説を採っている。だが、ヨーロッパでも厳格分離を採ってきたのは、フランスのみであり、他に政教分離を定める国は緩やかな分離としている。

もしわが国で厳密に政教分離を適用するなら、多くの面に混乱を生じる。例えば宗教法人が経営する学校や、特定の宗教を信奉する私立学校には、政府からの補助が禁止されることになり、経営が困難になる。また、国宝や重要文化財に指定されている神社や仏閣等の宗教的文化財への補助金も支出できなくなる。それゆえ、宮沢説は、歴史や伝統に基づくわが国の現実を無視した観念論に過ぎない。

司法においては、最高裁が昭和五十二年（一九七七年）七月の津地鎮祭訴訟で、三重県津市が市立体育館の起工に当たり、神道式地鎮祭を行ったことに関する訴訟において、市が神職への謝礼と供物料を公金から支出したことを合憲とした。その際、判決の中で、次のような判断基準を示した。すなわち、目的が宗教的な意義を持ち、その効果が特定の宗教を援助、または他の宗教を圧迫するような場合でない限り、憲法に違反しないという、いわゆる「目的効果基準」である。

この規準は、仮に憲法が国家と宗教の完全な分離を理想としていたとしても、現実の国家制度としては、自国の社会的・文化的諸条件に照らして、国家と宗教とのある程度の関わり合いは認めざるを得ないという判断に基づくものである。

「目的効果基準」は、わが国の現実を踏まえて、国家と宗教との関わりを一定限度容認する緩やかな分離主義に則っている。これを限定分離説という。宮沢らによる厳格分離説を退けるものである。その後、国や地方自治体と宗教との関係をめぐる各地の玉串料訴訟、忠魂碑訴訟等で、この法理論が踏襲されている。これは国民の常識に合致するものである。

どこの国でも宗教的な伝統があり、それを尊重している。尊重していないのは、宗教を否定・敵視する唯物論的共産主義の国だけだろう。わが国には、わが国の宗教的伝統があり、それに基づいて国家と宗教の関係を定めればよい。日本国憲法も、国家と宗教の関係を完全に断ち切るものではない。むしろ国民の多くは家族の葬儀や先祖の慰霊において、神道や仏教の伝統を尊重しており、葬儀や慰霊を国家行事として行う際、神道や仏教の伝統に則って行うことは、多くの国民感情にかなっている。靖国神社の儀式についても当然、日本固有の宗教性を保持してよいのである。

国家と宗教の厳格分離説は、近代西欧の思想である合理主義によって、わが国の伝統、慣習、文化、歴史、道徳を否定するものである。それはかえって、特定の思想によって、信教の自由を抑圧するものである。厳格分離説は極端化すると、唯物論的共産主義による宗教の否定に行き着く。厳格分離を説く論者には、容共的な近代化主義者や左翼とそのシンパが多いことに注意すべきである。先に書いたアメリカ、イタリア、スペイン、北欧等の欧米諸国の例を見ると、宮沢の説が、いかに極端な説かがわかるだろう。

戦前のわが国は神道を特別に位置づけていたが、それだけを以って反近代的とか非民主的とはいえない。近代化発祥の地・イギリス並みと見ることもできる。また、仮に現在のわが国において、国家と神道または仏教のいくつかの宗派とが緩やかな関係を持ったとしても、それはアメリカ並みということになるだろう。

それゆえ、わが国はわが国の文化と伝統に基づいて、国家と宗教の関係を定めればよいのである。現行憲法は、占領下にＧＨＱによって押しつけられた憲法であり、日本の歴史を断ち切り、伝統を破壊するためにつくられたものである。そのことを認識し、日本人自らの手で、新しい憲法をつくり、その中で、わが国に合った政教関係を定めればよいのである。

関連掲示
・２０５―２２「慰霊と靖国～日本人を結ぶ絆」

●宗教と政治活動

次に、宗教と具体的な政治活動の関係について述べる。わが国では、公明党が創価学会を母体とした政党として知られている。同党は、直接党名や政策に創価学会を出してはいないが、事実上の宗教政党である。そうした政党が政権与党になっているが、現行憲法のもとで違憲ではない。

ヨーロッパにはキリスト教政党が政治に参画している国が多数ある。キリスト教政党が政権に参加している代表的な例を、ドイツとイタリアに見ることができる。ドイツでは、歴史的にカトリック政党の中央党が活動した。現在政権与党であるキリスト教民主同盟（CDU）は、第二次世界大戦後に設立された。特定教派によらないキリスト教政党であり、キリスト教民主主義、自由主義、社会保守主義を掲げる。CDUの姉妹政党にバイエルン州のみを地盤とするキリスト教社会同盟（CSU）があり、連邦議会では統一会派（CDU/CSU）を組んでいる。イタリアでは、第二次世界大戦期にキリスト教民主党が結成され、大戦後、冷戦終結後まで常に第一党の地位にあった。同党は、名称をキリスト教民主主義とも言った。その後、自治によるキリスト教民主主義、キリスト教中道民主連合、欧州民主連合・人民に分かれた。どれもカトリック主義の政党である。

他にヨーロッパにおける主なキリスト教政党ないしキリスト民主主義に近い政党として、次のようなものが挙げられる。一部は消滅したり別の政党に改編されたりしている。

西欧では、イギリスのキリスト教民主党・キリスト教人民同盟、アイルランドのフィネ・ゲール、フランスの旧社会民主中道派・旧フランス民主連合、オランダのキリスト教民主アピール・キリスト教同盟、ベルギーのフラームスキリスト教民主党・中道民主人道党、ルクセンブルクのキリスト教社会人民党、スイスのキリスト教民主人民党等である。

北欧では、スウェーデンのキリスト教民主党、デンマークのキリスト教民主党、ノルウェーのキリスト教人民党、フィンランドのキリスト教民主党、リトアニアの祖国同盟＝キリスト教民主党等である。

東欧では、スロヴェニアの新スロヴェニアキリスト教人民党、セルビアのセルビアキリスト教民主党、チェコのキリスト教民主同盟・チェコスロヴァキア人民党、モルドヴァのキリスト教民主人民党、ルーマニアのキリスト教民主民族農民党等である。

また、ヨーロッパ規模の政党として、ヨーロッパ人民党があり、欧州諸国中四十か国の保守主義政党及びキリスト教民主主義政党のうち、七十四の政党が加盟している。（二〇一八年一〇月現在）。また、同党より左寄りのヨーロッパ民主党があり、キリスト教の左派が参加している。

このようにヨーロッパでは、キリスト教と政治の間には深い関係がある。

米国では主要な政党は宗教政党ではないが、宗教勢力を有力な支持団体に持つ。南米のキリスト教国ブラジルでは、ヨーロッパのスイス、ベルギーと同じく、優勢な宗教を尊重する寛容令方式を取っている。

非キリスト教文化圏では、中東、北アフリカ等のイスラーム教国の多くで、聖典『クルアーン（コーラン）』に基づく宗教政治が行われている。

最後に、わが国は古来、祭政一致の国柄であり、天皇は祭儀を行い、神意に沿った政治を心がけてきた。戦後は憲法で緩やかな政教分離が採られているが、天皇が国家と国民統合の象徴とされ、国会開会式に天皇が臨席し、三権の長は天皇が親任するなど、独自の伝統が息づいている。

これらの多くの事例が示しているのは、政治的権力は、集団の共同性に基づき、その宗教的伝統を保ちつつ行使されてきたことである。宗教は、各国・各地域の歴史的・文化的事情を踏まえて、社会の福祉と人類の発展のために、政治への関わりを行うべきである。

●中国共産党による宗教弾圧への対抗

現代世界における宗教と政治の関係において、最も重大な問題は、中国における宗教弾圧である。中国では、旧ソ連におけるキリスト教（ロシア正教会）への弾圧を上回る、さらに大規模で苛烈な共産主義による宗教弾圧が行われている。チベットでのチベット仏教徒への迫害、新疆ウイグルでのイスラーム教徒への虐待、また法輪功等の団体への取り締まりは、極めて深刻な人権問題となっている。今後、中国がアジアから世界へと覇権を拡大していくと、中国の支配下に置かれた諸国で、こうした宗教弾圧が行われることが予想される。

習近平総書記兼国家主席は、平成二十九年（二〇一七年）十月の中国共産党第十九回全国代表大会で、習思想を党規約に明記し、独裁体制の確立を進めた。中国共産党は「宗教を僕（しもべ）にしてしまおう」としており、これを受けて中国の仏教協会、道教協会には宗教の信念を曲げて政権党に媚びる動きがある。そうした中国の動向について、同年同月ジャーナリストの櫻井よしこは、次のように書いた。

「『中国の特色ある社会主義』の下、各民族は『ザクロの実のように寄り集まり』、宗教は『中国化』され『社会主義社会への適応』を求められる。文化も社会主義イデオロギーに導かれ、社会主義の『核心的価値観』が人々の心にぴったりはまり（アイデンティティーとなり）、行動・習慣に自然に反映されるよう、家庭、子供に至るまで教育を徹底させる。かくして『愛国主義、集団主義、社会主義』の教育が一層強化されるというのだ」

「習氏は『偉大なる中華民族の復興』を謳い、『中華民族は世界の諸民族の中にそびえ立つだろう』とし、『人類運命共同体』の構築を提唱した。これからの中国を読み解く上での重要な言葉となるであろう人類運命共同体構想は『世界制覇宣言』と同義語かと思う。人類は皆、中国の下で中国主導の運命共同体の一員として生きることを要求されるのか」と。

櫻井が指摘した宗教の「社会主義社会への適応」は、既に中国では強力に進められつつある。やがて中国共産党が支配する領域を広げていくに従って、中国以外の国でも、宗教の「中国化」が強要されることになる恐れがある。

人類社会における宗教の衰退は、中国の世界的な覇権拡大によってこそ、最も深刻な形で進行する可能性がある。宗教学者の島田裕巳は、著書『宗教消滅』で、世俗化が世界的に進行し、宗教が消滅して社会が無宗教化すると予測するが、島田の予測が当たるならば、そのような地球社会は、中国共産党が支配する「社会主義社会」となるだろう。私は、世界が唯物論による全体主義に支配されないようにするために、人類は宗教の価値を再発見すべきであると考える。また同時に、世界の諸宗教は旧来の教義や慣習にとらわれずに、真に人類の幸福と発展に寄与する道を真剣に求めるべきだと呼びかけたい。

この項目に書いたように、現代の世界においても、宗教と政治には深い関係がある。そのことを認識し、宗教の社会に対する機能を再評価する必要がある。現代の国際政治は、国家間の関係だけでなく、宗教の問題が複雑に関係している。宗教の社会的機能は、国際政治に対する作用にも及んでいる。また、それゆえに今日、宗教は、人類社会において世界平和の実現と地球環境の保全に貢献することが期待されている。この点については、次に刊行する拙著に書く。

関連掲示
・２１０―１０「宗教は消滅せず、新たな発展へ向かう～島田裕巳氏の宗教消滅論批判」

第7章　宗教と心理

（1）宗教と自己の実現及び超越

●マズローの欲求段階説

宗教は、人間の心に幅広く様々な影響を与える。これは、個人に対する機能であるとともに、社会に対する機能でもある。それゆえ、宗教の機能に関する考察は、自ずと人間の心理の探求に向かう。

既存の特定の宗教の教義にとらわれずに、人間の心理について総合的な理解を深めたいと望むときには、二十世紀アメリカの心理学者アブラハム・マズローの理論が参考になる。マズローは、本当の人間性を知るには、精神病者だけでなく、健康な人間の研究をしなければならないと考えた。そして「非常に優秀な人々、最も健康な人々、見つけ出せる限りの人間の範たる人々」を研究した。リンカーン、アインシュタイン、シュバイツァー等の偉人や健康で豊かな精神生活を送っている多数の人々を研究して彼が発見したのは、精神的に健康な人は、例外なく自分の職業や義務に打ち込んでおり、その中で創造の喜びや他人に奉仕する喜びを感じていることである。またこれらの人々には、自由で客観的なものの見方をし、他人に対しては寛容でユーモアがあるという共通点があった。マズローは、こうした画期的な研究をもとに、健康と成長のための理論を目指した。

マズローは、その理論において、人間の欲求は次の五つに大別されるという説を唱えた。

（1）生理的欲求：動物的本能による欲求（食欲、性欲等）

（2）安全の欲求：身の安全を求める欲求

（3）所属と愛の欲求：社会や集団に帰属し、愛で結ばれた他人との一体感を求める欲求

（4）承認の欲求：他人から評価され、尊敬されたいという欲求（出世欲、名誉欲等）

（5）自己実現の欲求：個人の才能、能力、潜在性等を充分に開発、利用したいという欲求。さらに、人間がなれる可能性のある最高の存在になりたいという願望

マズローは、このような人間の欲求が階層的な発展性を持っていることを明らかにした。生理的な欲求や安全性の欲求が満たされると、愛されたいという欲求や自己を評価されたいという欲求を抱くようになり、それも満たされると自己実現の欲求が芽生えてくるというのである。自己実現は、self-actualization の訳語である。

自己実現こそ人生の最高の目的であり、最高の価値である、とマズローは説く。そして、

人間が最も人間的である所以とは、自己実現を求める願望にあるとした。自己実現の欲求は、まず個人の才能、能力、潜在力等を充分に開発・利用したいという欲求である。「ある個人にとってこの欲求は、理想的な母親たらんとする願望の形を取り、またある者には運動競技の面で表現されるかもしれない。さらに別の者には、絵を描くことや発明によって表されるかもしれない」とマズローは言う。さらに、この欲求がより高次になると、自己の本質を知ることや宇宙の真理を理解することを望む欲求となり、人間がなれる可能性のある最高の存在になりたいという願望となって、より高い目標に向かっていく。

マズローによると、自己実現をした人とは「人生を楽しみ、堪能することを知っている人間」であり「苦痛や悩みにめげず、辛い体験から多くのものを悟ることができる人間」である。そうした人は「感情的になることが少なく、より客観的で、期待、不安、自我防衛等によって、自分の観察を歪めることが少ない。また創造性や自発性に富み、自ら選択した課題にしっかり取り組む姿勢を持っている」。また「開かれた心を持ち、とらわれの少ない積極的存在である」とマズローは言う。これに比し、現代人に多い神経症は自己実現への道が閉塞した状態だ、とマズローはとらえた。

マズローの研究によると、自己実現の欲求は、他の欲求が満足させられたからといって必ずしも発展するとは限らない。食欲や性欲、名誉欲等の下位の欲求の段階で止まっている人が多いからである。

マズロー以前の心理学は、研究の焦点を下位の欲求に合わせ、より高次の欲求にはあまり注目していなかった。例えば、マルクスの人間観は、十九世紀の唯物論的心理学に基づき、「生理的欲求」と「安全の欲求」を中心としている。そのため、人間の幸福の実現には食物と安全が重要だとし、より高次の欲求には否定的だった。一方、フロイトは無意識の研究を行い、それまでの人間観に画期的な変化をもたらした。彼は性の問題を通じて、より上位の欲求である「所属と愛の欲求」の研究をしたといえる。しかし、性の観点からすべてを理解しようとしたために、人間理解を狭くしてしまった。マルクスとフロイトの唯物論的人間観は、下位の欲求に焦点を合わせ、上位の欲求を軽視したものである。

マズローによって、高次の欲求は、低次の欲求と同じく、人間の中に本能的に内在しているものであり、潜在意識下の衝動の一部をなすことが、広く理解されることになった。彼の研究は、青年教育や経営管理等に応用されている。

マズローの理論は、単なる欲求とその充足の理論ではなく、人格の成長・発展に関する理論と理解することができる。人間は人格的存在であり、人格を形成し、人格的に成長・

発展することを欲求として潜在的に持つ。人格は、親の愛情、言語・習慣・道徳等の教育を通じて形成される。人格の基礎ができれば、さらに成長・発展したいという欲求が働く可能性が生まれる。

自己実現の欲求は、この人間に内在する人格的な欲求であり、道徳的な能力の発現である。人間には自己実現を達成する能力が潜在しており、その能力が発揮されることによって、人格の高度な成長・発展が可能となる。自己実現の欲求が働くとき、人は自己実現を目指して、自らの人格を成長・発展させようとする。この欲求は、基本的には下位の欲求が充足された後に追及されるが、人によっては、下位の欲求の充足いかんに関わらず、自己実現の欲求の実現を求める。例えば、宗教的修行者、賢者等にそれが見られる。

自己実現には、具体的な人格的目標が必要である。父母、祖父母、教育者、集団の指導者等が目標となり得る身近な存在である。また、しばしば釈迦、孔子、プラトン、イエス、ムハンマド等の精神的な指導者が目標とされる。それらの指導者への感動、敬服、憧憬等の感情を通じて人格的感化を受ける。人格的感化は、近代西欧的な理性の働きだけでなく、感性の働きによるものであり、現実の人間同士では、相互間の共感の能力によるところが大きい。

●自己実現から自己超越へ

マズローは、自己実現を十分成し遂げた人は、しばしば「至高体験」(peak experience)をしているという。至高体験とは、意識の高揚による特別の体験である。自分が自分のしている行為に完全に没頭している状態、自意識に全く邪魔されず自分が完璧だと感じる瞬間、最高に幸福な感情に満たされた境地、そうした体験をいう。

健康で優秀な能力を持つ人や尊敬される人格者、優れた芸術家やスポーツ選手など、様々な人々が、こうした体験を報告している。なかには出産の最中や子育てにおいて、最高の喜びを感じ、至高体験をした母親もいる。

マズローは、至高体験を次のように表現している。「神秘的体験、大いなる畏怖の瞬間、とても強烈な幸福感、歓喜、恍惚、至福すら感じる瞬間」であり、「このような瞬間は純粋であり、積極的な幸福感に満ちている。あらゆる疑惑、恐怖、禁忌、緊張、弱さが追い払われる。今や自己意識は失われる。世界との分離感や距離感は消滅し、同時に彼らは世界と一体であると感じ、世界に融合し、まさに世界に属し、世界の外側にあるのではなく、世界の内側に見入るのだ」と。

至高体験を体験した多くの人は、その後、世界が違って見えるようになり、人生観や価値観が変わったと語っている。そして、自己の可能性の開花、人間性の完全な発達を願うようになるというのである。

マズローは臨床的観察に基づいて、自己実現を果たした人が至高体験をした時には、憐れみ、慈愛、親切さ、悲しみの情緒が顕著であるという。こうした体験を持つ人は、利己的な考えを超え、人への愛や思いやりに満ちた行動をし、それを喜びと感じるようになる。彼らは、物事を楽しむ能力を持ち、現実に対する鋭敏な知覚力を備えている。芸術や科学において、あるいはもっと現実的な生活の中で、優れた創造性を発揮する。

自己実現をした人のうち、至高体験を持たない人は、現実的に影響力の強い社会人や社会改善家になる傾向があり、一方、至高体験を持つ人はしばしば美学や宗教といった主観的領域に熱中することが多い、とマズローはいう。

自己実現は、基本的には個人個人がそれぞれ追い求めるものである。しかし、それだけにとどまらない。人々は互いに自己実現を促し合い、精神的に高め合うことができる。互いに自己実現のできる社会の状態を、マズローは、「シナジック」(synergic) と呼んだ。シナジックとは、協同作用を意味するシナジー (synergy) の形容詞で、協同的・相互扶助的を意味する。

シナジーは、名著『菊と刀』で知られる人類学者ルース・ベネディクトの造語である。彼女は北米インディアンの社会を研究して、そこでは個人個人が互いに助け合い、全員への帰属感覚を持っていることを知った。そして、こういう社会を、協同社会と呼んだ。これに対比されるのが、近代の欧米のような競争社会である。競争社会では地位や財産、力が強調される。ベネディクトは協同社会の状態を表すために、シナジーという新語を造ったのである。

シナジーの概念は、マズローに大きな影響を与えた。そして、マズローは、北米インディアンのような協同社会では、「協同作業こそが全員になんらかの形で自己実現を達成させる道であるという共通認識があるからこそ、協同作業が行われるのだ」という理解に至った。

マズローによると、近代の市民社会は病んでおり、シナジーつまり協同性・相助性の低い社会である。そのため、自己実現の道がふさがれた人々に、神経症や犯罪が多く現れる。これに対し、社会の協同性・相助性が高くなれば、その社会はより健康になる、とマズローは考えた。そして、目指すべき社会とは、「ハイ・シナジー」つまり高い協同性・相助性を持った社会だと説いた。

マズローの考えでは、シナジックな社会では、すべての個人が高次元の自己実現に到達し、しかも他の誰の自由とも抵触しない。人間が本性として備えている潜在能力が充分に考慮されれば、個人の自由は他者の自由を侵害する必要がなくなる。あり余るまでの自由が社会に行き渡ると考えられるのである。

さて、マズローは晩年、人間には、自己実現の欲求を越えた「自己超越の欲求」があることをはっきりと認めるようになった。自己超越は、self-transcendenceの訳語である。自己超越の欲求とは、自己を超え、もっと包括的なものを求める欲求である。マズローは、それまで「自己実現をした人」と呼んでいた人々を、「単に健康な自己実現者」と「自己実現を超越した人」とに分けた。これにより、彼の欲求の五段階説に、六番目の「自己超越の欲求」が加わることになった。

マズローによると、人間の本性は本来、自己超越的である。健康で心の満たされた人々は、自己実現を追及するだけでなく、さらに自然と自分自身を超えたものを求める。そして、他の多くの人々のために尽くしたり、より大きなものと一体になりたいと願う。それは、悟り、宇宙との一体感、宇宙的な真理や永遠なるもの、社会の進化や人類の幸福等の、より高い目標である。

自己を超え出て、より大きなものと一体になりたいという超越的衝動は、安全や評価を求める欲求と同様に基本的な欲求であり、人間の本性の一部分である。つまり、人の心には、誰しも自己実現と自己超越の欲求が潜在しているのである。

自己超越の欲求は、自己実現の欲求より、さらに高い段階の欲求である。これまでの優れた宗教家はどれも、人々にこの内なる欲求に気づかせ、人々を精神的向上に導こうとしたといえよう。この欲求が一見してそれほど普遍的に見えないのは、極少数の人間しか、その超越点に到達できないためである。

自己超越とは、自己が個人という枠を超えて、超個人的（トランスパーソナル）な存在に成長しようという欲求である。マズローは、自己実現の心理学から、自己超越の方向に進み、個を超える、より高次の心理学を提唱した。これがトランスパーソナル心理学である。マズローは、トランスパーソナル（transpersonal）とは「個体性を超え、個人としての発達を超えて、個人よりもっと包括的な何かを目指すことを指す」と規定している。

マズローは、至高体験を「宗教の核」となるものとして、自身の理論に取り込んだ。だが、彼にとって宗教は至高体験をもたらすものの一つに過ぎなかった。自己実現と自己超越の欲求の充足のために、必ずしも宗教は必要なものと考えていなかった。私見によれば、宗教は人間に内在する自己実現と自己超越の欲求に根差す心理的現象である。また、その欲求が社会において教義化・組織化・実践化されたものが、宗教となっているということもできる。

マズロー以後、トランスパーソナル心理学は、心理学という枠組みを超え、様々な学問を統合するものとなり、包括的な視点に立って人間のあり方を模索する学際的な運動となっている。これをトランスパーソナル学と呼ぶ。

トランスパーソナル学がこれまでの心理学やひいては近代西欧的な諸科学と異なるのは、無意識の一面に霊的次元があることを認め、霊性（spirituality）を含めて、人間の心を全体的に理解しようとするところである。トランスパーソナル学は、人間を単に現世的な生物的存在としてではなく、現世と来世、彼岸と此岸、見える世界と見えない世界の両方にまたがって生きる霊的存在と理解する。その理解は、宗教及び人間の本質に迫るものとなっている。宗教とは霊的存在への信仰であり、その信仰は人間が自らも霊的存在と認識することによって成立するものだからである。

人類史に現れた諸文明は、原初宗教から発達した高度宗教をその中核に持ち、その多くの宗教は死後も人間は霊的な存在として存続することを説いている。人間に生死を超えた霊性または心霊性を認めるとき、人間とは身体的な局所性を超えて時空に開かれたものであるという人間観が成立する。

二十一世紀に確立されるべき人間観は、十九世紀以来の唯物論的人間観を脱却し、こうした霊的な存続可能性を持つ人格を中心にすえた心霊論的人間観でなければならない。ただしそれは、単に伝統的な人間観への回帰ではなく、科学に裏づけられた新しい人間観でなければならない。トランスパーソナル学は、そうした科学時代の心霊論的人間観の形成を推進するものとして発展が期待される。

関連掲示

- ２１０―０１「心の近代化と新しい精神文化の興隆～ウェーバー・ユング・トランスパーソナルの先へ」
- ２１０―０６「人間には自己実現・自己超越の欲求がある～マズローとトランスパーソナル学」

(2) 深層心理の探究

●ユングによる集合的無意識の発見

マズローに発するトランスパーソナル学は、カール・グスタフ・ユングの心理学を摂取し、継承・発展させたものでもある。ユング心理学は、宗教的実践を通じて自己実現・自己超越を目指す際にも、多くの示唆に富んでいる。

ユングは、精神分析学者ジークムント・フロイトの最大の弟子だった。フロイトは、人間の心を「意識」「前意識」「無意識」の三層に区別し、これを発展させて「エス(イド)」「自我」「超自我」による心の構造論を説いた。無意識とは生物学的・衝動的なものであり、意識によって洞察され、打ち克たれるべきものだ、とフロイトは考えた。彼は、意識としての自我とは、本能に対する理性であり、理性的な自我意識であるとみなし、理性的な自我を中心として、意識が無意識を支配すべきものと考えた。

これに対し、ユングは、無意識を意識によって支配すべきものとは考えなかった。むしろ無意識は超個人的な人類的生命につらなる創造的なものであり、個々人の精神活動は無意識からエネルギーを得て創造性を発揮すると考えた。

ユングによると、心には、「意識」「個人的無意識」「集合的無意識（collective unconsciousness）」の三つの水準がある。フロイトのいう無意識は、このうちの個人的無意識のことである。ユングは、臨床心理学者として患者の治療に当たりながら、世界諸民族の神話、宗教、文学、美術等を研究し、宗教や民族、文化等の違いを超えて共通して現れる象徴があることを発見した。そして、個人的無意識の底に、個人を超えた集合的無意識を想定した。「集合的」とは、個人だけではなく、民族・人類等に共通する無意識という意味である。そして、ユングは、夢や精神病者の妄想、神話、宗教、芸術等に共通して現れる主題は、集合的無意識に由来するものだと考えた。

ユングは、心の外的な現れをペルソナ（persona）と呼ぶ。ペルソナの語源は、古代ギリシャで役者が被った「仮面」である。ペルソナが意識のレベルに関する概念であるのに対し、無意識に関する概念が「元型」である。元型は、archetypeの訳語である。元型は、仮説的概念である。それ自体を意識化することはできないが、集合的無意識が働くときに、特有のイメージとして意識に現れる。いわば先験的に心に内在する表象可能性である。そして、元型の現れと推定できるイメージを、ユングは「元型的イメージ」と呼んだ。元型的イメージは、集合的無意識の内容となるものである。

元型には、影、アニマ、アニムス、老賢者、太母、神聖な子ども、自己等がある。

影（shadow）は、人格の劣等な部分を意味する。自我が受け入れたくないような、人間の原始的で本能的な側面を表す元型である。ユングは、影の元型が現代人に重要な作用をしていることを指摘し、強く警告した。その点は、次に刊行する拙著で述べる。

アニマ（anima）は男性における女性性、アニムス（animus）は女性における男性性を表す元型である。これらは、魅力的ないし理想的な異性のイメージとして現れる。アニマは母、恋人、妻等、アニムスは父、恋人、夫等の身近な人物に投影されることが多い。

ユングは意識の側のペルソナと無意識の側のアニマ／アニムスを統合することを、自己実現の過程における重要な課題としている。

老賢者（wise old man）とは、主に男性に対して老人の姿で現れる元型である。父なるものの元型であり、深い経験に基づく知恵や理性、堅実な判断力によって特徴づけられる。

太母（great mother）は、母なるものの元型である。あらゆるものを産み、育てる偉大な母親のイメージであるとともに、すべてのものを呑み込んでしまう恐ろしさを感じさせる。老賢者が理性的な知恵の原理を表すのに対し、生命的な原理を表す。

神聖な子ども（divine child）は、子どもなるものの元型である。夢や幻像に赤子や幼児として現れ、将来の可能性や人格の成長力を象徴する。

こうした様々な元型の中で、最も重要なのは、自己（self）の元型である。ユングは、意識の中心点を自我（ego）と呼び、意識と無意識を合わせた心全体の中心を自己と呼ぶ。フロイトと異なり、理性的な自我意識が心の中心ではなく、本当の心の中心は、その底の方にあるというわけである。

ユングによると、人間の心は、意識と無意識の相補作用による自動調節的な体系である。「われわれが意識の世界のみを重んじることなく、無意識も大切なものであることを知り、この両者の相補的な働きに注意する時には、われわれの人格の中心は自我ではなく、自己であることを悟るだろう」、「自己は心の全体性であり、また同時にその中心である。これは自我と一致するものではなく、大きい円が小さい円を含むように、自我を包含する」とユングは述べている。

ユングの自己は、近代西欧哲学における個人的な自我とは、全く異なるものを指し示している。東洋思想にいう真我、自性、仏性に類する概念といえよう。西洋思想では、新プラトン主義や錬金術における人間に内在する神性に近いだろう。

●マンダラと「聖なる中心」

自己元型は、老賢者、太母、神聖な子ども等として象徴的に表現されることがある。特にユングが重視したのが、マンダラと呼ばれる図形で表現される象徴である。

ユングは精神的な危機にある患者の治療の過程で、しばしば患者の心に、円または四の倍数を要素とする幾何学的な模様が現れることを発見した。ユングも自らの危機において、同じイメージが自分の心に現れることを体験した。ユングは、そうしたイメージが西洋の神秘主義者の幻視に多く描かれ、チベット密教ではマンダラと呼ばれ、瞑想的修行や儀礼の場等で使われていることを知り、これを自己元型によるイメージと解釈した。

ユングは、マンダラは、人が心の分裂や不統合を経験している時に、それを統合しようとする心の内部の働きの表れとして生じる場合が多いと報告している。彼が治療に当たった患者の心にマンダラが現れると、心に平静や安らぎがもたらされた。マンダラを描くことで、患者は自分の心を客観視し、心の統合に取り組むことができるようになるのだった。

ユングは、マンダラの出現は「明らかに、自然の側からの自己治癒の企てであり、それは意識的な反省からではなく、本能的な働きから生じたものである」と述べている。いわば、心の統合を回復しようとする精神的な自然治癒力の働きである。

マンダラを最も重視してきたのは、インドからチベットに伝わった密教である。解脱を目指す宗教である仏教では、厳しい修行の過程で修行者がマンダラのイメージを抱くことがしばしばあったのだろう。そのイメージは、幾何学的な構図を持つ荘厳な曼荼羅図に描かれている。密教の系統である真言宗における胎蔵界・金剛界の両界曼荼羅が有名である。仏教では、マンダラのmandaは真髄・本質を表し、laは成就を表すとし、マンダラは真髄の成就を意味すると解釈されている。そして、曼荼羅図は、悟りの境地を平面に表したものと考えられている。

私は、マンダラにおいて最も重要なのは中心であると考える。円または四の倍数を要素とする図形は、しばしば中心を強調する。中心は、エリアーデが世界の諸宗教や神話の研究において最も重視した象徴である。エリアーデは「聖なる中心」「中心のシンボリズム」とも呼んでいる。

「聖なる中心」は生命と宇宙の源であり、「死と再生」が起こる特別な場所である。そこでは「対立物の一致」が実現する。また、すべてのものの差異が還元される。そして、すべてのものの秩序と調和が確認され、世界と自己に意味が充満される。例えば、日本神道における天之御中主神は、まさにこうした「聖なる中心」を名称とする神格である。

私は、ユングのマンダラとエリアーデの中心は、同じ対象をとらえたものと考える。ユングが研究したように、個人においては、精神的な危機の克服の過程で、しばしばマンダラが描かれる。またエリアーデの研究報告のように、集団においては、共同体の祭儀の中で、「聖なる中心」が確認される。マンダラと中心には、マンダラは中心を示し、中心はマンダラの中心であるという関係がある、と私は理解している。例えば、キリスト教の十字架は、四の倍数の要素を持つマンダラであり、これは縦横の線が交差して中心を示している。中心は、イエスが死に復活する聖なる場所を象徴している。

ユングのマンダラとエリアーデの中心が同じものを指示すると仮定すれば、人は自己の象徴を通じて、心の全体性を回復するとき、自分の心の中心と宇宙の「聖なる中心」が合致することによって、宇宙の全体性を自覚し、同時に宇宙における自己の真相に覚醒し得るということができるだろう。これを伝統的な宗教では、悟り、梵我一如、神人合一等と呼んできたと考えられる。

●全体的な「自己」の実現へ

ユング心理学は、個人が意識的な自我の殻を突き破って、無意識の領域をも統合した全体的な「自己」を実現することを目指した。それがユングのいう「自己実現（self-realization）」である。言葉は同じようだが、マズローの自己実現とは、心の全体性のとらえ方が違っている。

ユングのいう自己は、集合的無意識に根差している。また彼の説く自己実現は、意識の中心点である自我が成長して自我の能力を最大限に拡大していくことではない。各個人の意識の奥にあり、集合的無意識に根差している自己が象徴や隠喩を通じて自覚化されていく過程である。この過程は、自我と自己が一体化し、不可分な状態になっていくことであり、これをユングは、「個性化（individualization）」とも呼んだ。原語は「不可分になること」を意味するから、「自我自己不可分化」と訳すと意味が明確になる。

ユングは、自我と自己が不可分化した状態を、自我と自己の均衡が取れた状態、自分の性と内なる異性（アニマ／アニムス）の折り合いがついた状態、心の全体性が実現された状態等と述べている。

ユングの説く自己実現の過程は、個人に内在する可能性を実現し、人格を完成していくことである。ユングによれば、意識的な自我と集合的無意識に内在する自己とが不可分化することが、人格の発展である。ユングは、それが「人生の目標」であるとしている。

ユングは、自己実現によって目指すべき到達点を「完全なる人間」と呼ぶ。そして、自己実現とは「『われわれ一人ひとりの中の、二百万年前から生きている人間』を、現代を生きる一人ひとりと統合していく作業」とも言っている。「二百万年前から生きている人間」とは、古代地中海諸文明のヘレニズム期に発達したヘルメス主義の文献に現れる原人間アントロポスを連想させる表現である。アントロポスは至高神が自分の似像として創造したが、地上に堕落して人間として生まれ、自分が本来は至高神と同様の神性を持っていたことを忘れてしまったとされる。私は、これを自己の元型的イメージの一つであり、また人類の集合的無意識の全体を人格化してとらえるものと考える。この点から見て、ユングのいう自己実現は、マズローが自己実現の次の段階の欲求とした自己超越を含むものと理解することができる。ユングの自己は、個我としての自己を超えたトランスパーソナルな精神的存在だからである。

ユングは、自己実現には二つの主要な側面があるという。一つは、「内的・主観的な統合の過程」であり、他の一つは「客観的関係の過程」であり、「時として、どちらか一方が優勢となることもあるが、どちらも欠かすことができない」と言う。自己実現とは、自分の中に引きこもったり、隠遁者のように孤立した環境で追及するものではなく、家族や社会において他者との関わり合いの中で、自他ともに相助的に努力していくべきものである。この点において、ユングの心理学は医師が精神病者の治療に用いる理論であるとともに、宗教的実践において健常者が自らの人格の発展のために参考にできる理論ともなっている。

ユングは、心の研究をもとにして、深層心理学の立場から現代の世界と文明の課題を論じた。彼の所説は、現代人、特に西洋人に強い警告と示唆を与えるものとなっている。この点は、次に刊行する拙著で述べる。

●男性原理と女性原理

先にユングが元型的イメージとして、アニマとアニムスを挙げたことを述べた。それに関することをここで補足したい。アニマは男性の無意識人格の女性的な側面、アニムスは女性の無意識人格の男性的な側面を意味する。男性性（陽性）と女性性（陰性）の両面を象徴するイメージと考えられる。それらの調和的・相補的な向上が心の成長・向上につながる。

人間には男女両性があり、そのことが宗教の教義にも影響している。キリスト教は、男性原理の宗教である。その主流は、唯一の神を父と子と聖霊の三位一体の神だとする。その神は父であって、母は存在しない。古代の多くの民族では、天空父神と大地母神、つまり天の父と地の母が一対になっているが、キリスト教は後者を否定した形である。

　キリスト教において、「子なる神」は男子であり、また独り子である。イエスは、男性一人でキリスト教をはじめた。ここには女性原理、母なるものが欠けている。男性的・父性的なものと女性的・母性的なものが、アンバランスである。そこで、後代になって、信仰における女性原理、母なるものを求める心理が働くようになった。

　キリスト教の信仰の対象は、イエス・キリストだが、イエスに次いで重要な存在となったのが、イエスの母マリアである。初期のキリスト教会では、マリアを崇敬することはなかった。しかし、次第にマリアを「聖母」として崇敬する傾向が出てきて、四三一年のエフェソス公会議において、マリアは「神の母（テオトコス）」であることが宣言された。これによって、ローマ・カトリック教会では、マリア崇敬が公式に教義の一つとなった。その後、マリアはイエスとほとんど同等に扱われ、マリアによっても救われる、恵みを与えられるとする傾向が現れた。しかし、現在、カトリック教会の教義では、救うのはイエスのみであり、マリアはイエスへの取り次ぎを願う対象であるとする。

　ユングは、キリスト教におけるマリア崇敬に注目し、男性原理が支配するキリスト教の欠陥を認識し、マリア崇敬によって、「三位一体」が「四位一体」に修正されたと解釈した。マリア崇敬の発達は、男性的なものと女性的なもののバランスを取ろうとする深層心理の働きと理解される。

男性原理に対する女性原理による補完の動きは、仏教にも見られる。釈迦は仏教を一人ではじめた。男性原理だけである。そこで、後から女性原理が補われ、観世音菩薩を慈母ととらえる心理が現れたと考えられる。

古代から男性原理と女性原理のバランスを最も重んじてきたのは、シナの思想である。シナの思想では、物事にはすべて陰陽があると考える。陰は女性原理、陽は男性原理を象徴する。宇宙の理法・法則・本体である道が働くときには、自ずと陰と陽の両面が現れる。『易経』繋辞伝には、「易有太極、是生両儀」、「一陰一陽之謂道」とある。太極とは、天地未分の混沌としている元気のことで、至高、至極、絶対、唯一の意味である。太極が両極である陰陽を生む。あるいは陰となり、あるいは陽となって無窮の変化を生じるものを道という。『太極図説』には「無極而太極、太極動而生陽、動極而静、静而生陰」とあり、無極から太極となり、太極が動き陽を生じ、動き極まり静となり、静より陰を生じるとしている。朱子学では、道を太極ととらえ、万物に内在する個別の理を統べる大いなる理とする。本体である道または太極が、現象として現れるときは、必ず陰陽の両極または両性を表すととらえられる。

こうしたユング心理学やシナ思想から見るとき、キリスト教でマリア崇敬が現れて、公式に認められ、さらにマリアの位置づけが高められてきたのは、ものの道理と人間の心理にかなっている。仏教における観世音菩薩も同様である。それゆえ、最初から男女一対の指導者によってはじめられた宗教があれば、それこそ、ものの道理と人間の心理に最もよくかなった宗教ということができよう。

(3) 家族的無意識の重要性

●ソンディの家族的無意識の重要性

ユングの理論は画期的だが、完全なものではない。むしろ大きな欠陥がある。個人と民族・人類を結ぶ輪が欠けていることである。その欠陥を補うものとして、私はソンディ・レハールの理論に注目している。

ソンディは、当時、唯物論の共産主義国だったハンガリーで、人間の心に注目し、科学的な運命心理学を打ち立てた。彼は「先祖から遺伝する無意識」の統計研究と分析治療を行い、フロイトの個人的無意識と、ユングの民族的・人類的な集合的無意識の間に重要なものがあることを発見した。それは「家族的無意識」である。

フロイトは、晩年、精神分析による臨床経験から「精神分析が見事な治療実績をあげることができるのは、主に精神的外傷が原因である場合だけ」と言い、「素因的なもの」は「分析が終結不可能」つまり治療が困難だと認めた。「素因的なもの」とは、先天的な要因である。個人が誕生時や生後に受けた後天的な心の傷（トラウマ）は、個人的な無意識に刻まれたものである。これに対し、先天的な要因とは、遺伝的なものであり、心理学的には個人を超えた無意識に根源を持つものである。フロイトは個人的な無意識よりも深い無意識の層があることを認めていたと考えられる。

ソンディが発見した家族的無意識とは、個人的な抑圧の過程にも、また集合的な無意識の過程にも帰せしめることのできない「潜在的な家族的素質」すなわち、個人のいわゆる遺伝素質である。そして、ソンディは、個人の中に抑圧されている祖先の欲求が、個人の運命を決定するという理論を打ち立てた。それが運命心理学である。

ソンディは、ある男が外見上「健康な」女性にひどく惚れ込み結婚したが、この女は結婚後数年経ってから、夫の母親が既に十数年間にわたって悩んできたのと全く同じ症状——自分が誰かを毒殺するのではないかという強迫思考——を示したという実例に関心を持った。そして、この男の無意識の中には、彼の母親の病的な素質が力動的に作用しており、この男の無意識の中にあるこのような潜在的な家族的な素質が、運命的に結婚の相手の選択を規定したと想定した。そして、数百例の結婚を分析して、「家族的無意識」の概念に到達した。

また、ソンディは、ドストエフスキーの『罪と罰』及び『カラマーゾフの兄弟』を読んで、「ドストエフスキーは、なぜ彼の小説の主人公に特に殺人者を選んだのであろうか」と自らに問うた。そして、ドストエフスキー家の伝記を調べてみると、祖先の系譜の中に、実際に殺人者が現れていた。Aは、使用人に命じて、彼女の夫を家の中で殺させた。Bとその息子は、ある軍人貴族の殺害に参加した等々。ドストエフスキーは自らの家族的な遺伝素質によって殺人者の役割を潜在的に担っていたゆえに、殺人者の精神生活を表現することができたし、また表現せずにはいられなかった。こういうことが遺伝学的な資料によって裏づけられた。

ソンディは、人間における無意識を構成する根本的な要素は、性、感動発作、自我、接触の四つの衝動であり、それを構成するのは、八つの遺伝因子の働きであるとする作業仮説を立てた。そして、個人が帰属する家系的な遺伝圏、遺伝趨性（結婚・職業・友情・疾患・死亡の趨性）、祖先の欲求と祖先像、その自演等の知見と学説を構築し、それを測定し記号化するテストを考案した。それが運命分析テスト（ソンディ・テスト）である。

ソンディは、運命分析テストを用いて、人々の衝動的性向を調べた。その結果、恋愛・友情において特定の人が引き合うことばかりでなく、職業を選ぶ際や自殺する時の方法にも先祖の傾向が表れることを統計的に研究・発表している。すなわち、人は過去の先祖の行動や性格のパターンを受け継いでおり、恋愛、友情、職業、病気及び亡くなり方等において、無意識に祖先の影響を受けた行動をするというわけである。

ソンディの運命分析は、精神疾患や精神障害を決める遺伝素質が、両面的なものであることを明らかにした。すなわち病的な遺伝素質は、同時に高度な精神能力の素質でもあるということである。例えば、癲癇と宗教的・神学的な能力、分裂病と精神医学・精神病理学の能力、躁鬱病と芸術・絵画の能力等が対になる。二つの方向のいずれを選択するかを決めるのは、環境、素質、意思による。ソンディの運命分析は、こうして無意識的選択行動の心理学となった。その応用領域は「運命疾患」と呼ばれるもの、すなわち恋愛、友情、職業、趣味における選択行動障害や、身体的な病気及び精神的疾患の選択、特に犯罪形式の選択、神経症の種類の選択、さらに死亡様式（傷害・殺人・自殺）の選択の領域に及んだ。

ソンディは、単に精神だけでなく身体も、衝動や遺伝性質のみならず魂の作用も、さらに現世に限らず来世の世界の現象も、深層心理学的研究の対象とした。

こうして、ソンディはフロイトの個人的な無意識の層とユングの民族的・人類的な集合的無意識の層との間にあった断裂を、家族的無意識の層によって繋いだのである。

●家族的無意識と因縁果の法則

私は一般的に言えば人生相談となるだろうことを仕事の一部として四十年ほどになる。相談を受ける相手には精神病の人もいるが、大多数は健常者である。相談の過程でその人々からユングのいう元型的イメージを示されたことは、ほとんどない。逆に相談内容の大多数は、ソンディが研究したような家族的無意識に関わるものだった。

そうした経験に基づき、私は、自己実現の過程に関して、個人的無意識と集合的無意識だけでなく、家族的無意識の存在に注目すべきだと考えている。集合的無意識については先に書いたが、個人的無意識は、フロイトが研究したような記憶や感情、欲望等のほか、呼吸、心拍、消化、免疫、睡眠等の生命活動を含む、脳及び脳と繋がっている情報系の情報の総体といえるだろう。一方、家族的無意識とは、祖先からの情報を伝え、われわれの人生を左右し、さらに子孫にまで影響を与え続けるものであり、フロイトが手を焼いた「素因的なるもの」のありかと考えられる。この祖先から継承する無意識は、日本で因縁といわれているものと共通性がある。

因縁とは、もともと因縁果の法則を指す言葉である。インド仏教では輪廻転生の観念により、個人の霊魂が様々な生命の形態を取って生と死を繰り返し、前世で積んだ原因が現世の運命に影響すると考える。だが、日本の仏教では神道の影響を受け、親から子、祖先から子孫への原因の継承を重視する。そして、因縁は自分が生来、積み重ねた悪い原因や、先祖から受け継いだ悪い原因の意味でも、しばしば使われる。この場合の縁は、因とほぼ同義で使われる。これらの悪い原因を、悪因縁ともいう。人々は、経験的に、先祖と子孫が似たような行動や不幸を繰り返していることに気づき、この悪いパターンから逃れようとした。そして、因縁果の法則を理解し、悪因縁の消滅・浄化が日本の仏教や神道では修行や供養の重要な目的の一つとなっている。キリスト教は、この世代間に受け継がれる負の原因の重要性をよく認識していない。最初の人類であるアダムとエバの原罪を強調するばかりで、その後の世代が積み重ねてきた悪因縁の影響を把握できていない。

日本の仏教や神道で修行や供養の重要な目的となっている悪因縁の消滅・浄化は、自己実現の過程においても、不可欠の課題となる。というのは、自己実現の過程は、個人的無意識における負の要素を解消するだけでなく、家族的無意識における負の要素を解消していく過程でもなければならないからである。

個人的な無意識に蓄積された負の要素には、出産時の苦痛や恐怖、不安、憎悪、怨恨、執着等の感情、過剰な欲望等がある。家族的無意識に蓄積された負の要素には、自分が所属する家系における、ある種の病気にかかりやすい傾向、性癖、陥りがちな行動や事故、人間関係の争いのパターン、死の恐怖と苦痛の記憶等がある。

個人的な無意識の中の負の要素は、主に自分が積んだものだが、それらですら自分の努力によって解消することは容易でない。まして世代間にわたり、膨大な人数の先祖に関わる家族的な無意識の中の負の要素は、解消が一層困難である。だが、個人的な無意識に積み重なった負の蓄積と、家族的無意識に積み重なった負の蓄積をともに除去していってこそ、集合的無意識に積み重なった負の蓄積が除去されていくことになる、と私は考える。

仏教的・神道的な概念でいえば、個人的な悪因縁、家族的な悪因縁が消滅・浄化されていくことによってのみ、民族的・人類的な悪因縁が消滅・浄化されていくと考えるわけである。

個人的・家族的な悪因縁の消滅・浄化は、自力つまり自分の努力だけでは容易でない。また、他力の助力を得ても、負の要素が大きいとそれに圧倒されてしまう。その結果、自己実現の過程で、病気や事故、精神の異常等の障害にぶつかって挫折することになる。この点において、フロイトもユングもまたソンディも、東洋・日本の宗教が千年を超える伝統の中で培ってきた知恵と経験に及んでいない。また、現在の段階でのトランスパーソナル学も同様である。自己実現を追求する者は、こうした東洋・日本の宗教の知恵と経験に学ぶ必要がある、と私は考える。

悪因縁の消滅・浄化をなし得たかどうかは、人生の最後である死の時に結果が出る。この点については、第4章に書いた大安楽往生をご参照願いたい。

●宗教の役割と真価

古来、様々な宗教は、それを実践する者にユングのいう自己実現すなわち自我自己不可分化の過程について教え、その過程を歩む者を守り、導く役割をしてきた。

ユングは、「宗教とは、ある目に見えず制御することもできない要素を、慎重に観察し顧慮することであって、人間に固有の本能的な態度である。それは明らかに心のバランスを保つのに役立っている」（『現在と未来』）と述べている。

自己実現の過程で最も重要なことの一つは、元型の一つである「影」への対応である。影とは人格の劣等な部分であり、人間の原始的で本能的な側面である。人は、しばしば自分の中にある劣等な部分を他者に投影し、その他者に軽蔑や怨恨、憎悪、敵意を向ける。この他者に投影されるイメージが、影である。

ユングは、影の中には本当の自分である「自己」が隠れているに違いないと考えた。そして、「自己へ至る道は影を通っていく。影——彼こそは『門番』であり、『入口の見張り番』である」と述べている。それゆえ、影の存在に気づき、それが自分の心の一部であることを認めることが、「自己へ至る道」となる。そして、影と戦ってそれを克服することが、自己実現において重要な努力となる。このことを深く認識し、実践の重要課題としてきたものこそが、宗教である。

仏教には、釈迦について次のような説話がある。釈迦は難行苦行の後、その愚かさを知り、菩提樹の下で瞑想して悟りに至った。釈迦が悟りを得る直前に、悪魔マーラが現れ、彼を誘惑して、正しい道から外させようと試みる。

マーラは言う。「ブッダ（目覚めた人）になるとか、解脱を得ることなど、できるものではない。それよりもこの世の支配者として皇帝になればいいではないか。でなければ天上に昇って私の位につくがよい」と。だが、釈迦は心を動かさない。

次に、マーラは若さと美貌を誇る娘たちに対して、「さあ、一緒に遊びましょう。瞑想して悟るなんて無駄なことよ」と言って、釈迦を誘惑させる。だが、やはり釈迦は全く心を動かさない。

するとマーラがいる間は近づいて来なかった天上の神々が釈迦の周りに現れ、色とりどりの花をまき散らして釈迦を祝福した。マーラとその仲間たちも、神々の間から顔をのぞかせ、一緒に釈迦の心意気を喜んだ。

このように、その説話は語っている。

また、キリスト教の新約聖書には、次のような記述がある。

さて、イエスは悪魔から誘惑を受けるため「霊」に導かれて荒れ野に行かれた。そして四十日間、昼も夜も断食した後、空腹を覚えられた。

すると、誘惑する者が来て、イエスに言った。「神の子なら、これらの石がパンになるように命じたらどうだ。」

イエスはお答えになった。『人はパンだけで生きるものではない。神の口から出る一つ一つの言葉で生きる』と書いてある。」

次に、悪魔はイエスを聖なる都に連れて行き、神殿の屋根の端に立たせて、言った。「神の子なら、飛び降りたらどうだ。『神があなたのために天使たちに命じると、あなたの足が石に打ち当たることのないように、天使たちは手であなたを支える』と書いてある。」

イエスは、『あなたの神である主を試してはならない』とも書いてある」と言われた。

更に、悪魔はイエスを非常に高い山に連れて行き、世のすべての国々とその繁栄ぶりを見せて、「もし、ひれ伏してわたしを拝むなら、これをみんな与えよう」と言った。すると、イエスは言われた。「退け、サタン。『あなたの神である主を拝み、ただ主に仕えよ』と書いてある。」

そこで、悪魔は離れ去った。すると、天使たちが来てイエスに仕えた。（マタイ書第四章一節〜十一節）

これらの釈迦とイエスの話は、非常によく似ている。開祖に関することで仏教がキリスト教に影響を与えたとは考えにくい。それゆえ、集合的無意識から現れた共通したイメージが表されたものだろう。釈迦とイエスは自己実現の過程における最高到達点を象徴している。一方、彼らを誘惑するために現れた悪魔は、影の元型的なイメージと見ることができる。

釈迦とイエスの話が示唆しているのは、自己実現への道を歩む者は、影としての人間性の劣等な部分、人間の内なる悪魔的なもの、魔性を克服しなければならないということである。人格的に高く向上を続けても、心に隙や慢心を生じ、内なる悪魔的なものに支配されるようになると、物欲・金銭欲・性欲等の欲望を制し得なくなったり、権力欲・支配欲が高じて独裁者や虐殺者に変じたりする。

宗教的な天才ならぬ凡人が自己実現の過程を堅実に進むためには、確かな指針と優れた指導者が必要である。心の現象について深い知識を持たない者が、独力で進もうとすると、予期せぬ難関にぶつかったり、自ら陥穽にはまったりしてしまう。自分の統合に失敗して精神病になったり、人格が崩壊してしまう場合さえある。

人類の長い歴史において、既存の宗教は自己実現への道を導くものとして機能してきた。しかし、宗教の指導者の中にも、修行と善行の実践の過程で、悪や魔の道に迷い込む者がある。明らかに精神に異常をきたしたと見られる者もいる。一切の妄見邪念を払拭して、完全に人間性の負の側面を克服し、精神的な勝利者となり得る者は、極めてまれといわざるを得ない。確実な道を歩むには、その自分を守護し、善導する正しい指針と、人格の発展を促す偉大な力を受けることが、極めて重要である。

ここで偉大な力とは、個人的無意識・家族的無意識に蓄積した負の要素を消滅・浄化し得る精神的なエネルギーである。単に考え方や方法を示すだけでなく、実際に悪因縁を消滅・浄化できる力があってこそ、宗教は人々の自己実現への道を照らし、導くものとして、真の価値を発揮し得るだろう。

第8章　宗教から超宗教へ

（1）人間観の転換を

●唯物論的人間観から心霊論的人間観へ

本書の最終章となるこの章では、宗教に関するこれまでの論考を踏まえて、二十一世紀は宗教が既存の宗教から超宗教へと向上・進化していくべき時代であることを述べる。

今日の人類は、核戦争の可能性と地球環境の破壊によって存亡の危機に直面している。この危機を乗り越えるには、人類の自己認識を唯物論的な人間観から心霊論的な人間観へと転換することが必要だ、と私は考える。

かつて人類のほとんどは、人間には肉体とは別に霊魂があると考える心霊論的な人間観を抱いてきた。しかし、今日の世界では、先進国を中心に唯物論的な人間観が優勢になっている。唯物論的な人間観は、人間を単に物質的な存在と見て、心は脳における物理的・化学的現象ととらえる。そうした人間観が広まったのは、わずか百数十年の間である。

十六世紀はじめの西欧で、コペルニクスが地動説を唱え、やがてその正しさが証明された。それによって聖書に基づくキリスト教の世界観の矛盾が明らかになった。物理学、化学、生理学の発達は、古代的・中世的な観念を打ち砕いていった。それによって人間理性を謳歌する思想が現れ、科学的合理主義が支配的になった。教会の権威は低下し、社会の世俗化が進んだ。また、近代資本主義の発達は、人々を富の追求に駆り立て、現世志向に傾かせた。こうした中で、十九世紀の半ば、ダーウィンは進化論を説いて生物の種は神の創造によるというキリスト教の教義を揺さぶった。マルクスは無神論的な唯物論を唱え、ニーチェは「神は死んだ」と宣告し、フロイトは機械論的な発想で人間の心理を分析した。彼らの思想によって、唯物論的な人間観が台頭した。近代西洋文明の世界化に伴い、唯物論的人間観は非西洋社会にも広く浸透しつつある。その結果、宗教は科学と矛盾する前近代的な迷信であるという見方を持つ人々が増えている。それによって、さらに世俗化が進んでいる。

唯物論的人間観は、科学の成果を応用し、経済的な豊かさを追求するためには、効果的な考え方である。だが、唯物論は人生最後の問題、すなわち死の問題には、全く役に立たない。むしろ人間を単に物質的な存在であると断定するため、人々に自己の本質について根本的な誤解を与えている。これに対し、伝統的な心霊論的人間観は、科学的な知見を常識とする人々に対して、有効な反論ができていない。科学が発達した時代において、あらためて人間は単に物質的存在ではないことを主張するには、脳科学や神経生理学、遺伝子工学等が明らかにしてきた人間の物質的側面の特性を認めつつ、同時に、人間には心霊的側面があることを示す必要がある。ESPやPKに関する超心理学の研究や、人間の霊性に関するトランスパーソナル学の研究に基づいて、科学時代の心霊論的人間観を確立しなければならない。個人の人格は死後も霊的存在として存続し得ることを認識し、精神は身体的な局所性に限定されず、時空を超越し、波長の異なる領域にも及び得ることを確認できれば、人々は、自分に内在する自己実現・自己超越への欲求を強め、また、人生最後の死の問題の重要性を理解できるようになるだろう。そして、宗教は新たな観点から再認識・再評価されることになる、と私は予測する。

もっとも二十世紀の後半から、欧米先進国を中心に既成宗教から離れる人々が増え、二十一世紀に入ると、宗教離れが目立つようになっている。その動向を重視する宗教学者はやがて宗教は世界的に衰退・消滅し、社会は無宗教化すると予想する。だが、一九七〇年代以降、一方では各地で宗教回帰の潮流が起っていることを見逃すべきではない。近代西洋文明の価値観に触れたイスラーム教諸国でイスラーム教を復興する運動が起こり、共産主義を放棄した旧ソ連、東ヨーロッパ諸国でキリスト教が復活し、中南米でプロテスタント福音派が信者数を拡大し、共産党支配の中国で地下教会が活発に活動している。現代においても、宗教に希望や救いを求める人々は、世界に多数存在するのである。また、先進国における人々の宗教離れは、既成の宗教的秩序が流動化し、人々が社会の伝統や慣習であるような形式的・制度的宗教から抜け出て、自分にとって本当に価値あるもの、本物を探し求め出している現象と見ることもできる。

従来の伝統的な宗教は、科学の未発達な古代に生まれた宗教かその変形であり、科学的な知見との乖離が大きくなっている。現代人が真に必要としているのは、もはや古代的な宗教ではない。人々は科学の発達した時代において、科学と矛盾せず、現代人に確かな指針を示すことのできる新しい宗教を必要としている。今後、心霊論的人間観が確立され、それが人々の常識になるようになると、人々がこれまでの宗教を超えた宗教を求める気運が急速に高まっていくだろう。

●「共時性」と心身関係の解明を

心霊論的人間観は、これまでの科学がまだ発見できていない宇宙の法則や生命の原理の存在を示唆するものである。

ユングについては第７章に書いたが、彼は深層心理学の立場から、心霊論的人間観を提示した。彼の説くところは、科学時代における心霊論的人間観の確立を促進するものとなっている。しかもユングは、心の領域にとどまらず、自然、社会、精神の全域に通じる科学的な仮説を提唱している。

ユングは、自然科学の基本原理である因果律では説明のできない、「意味深い偶然の一致(coincidence)」という現象を自ら体験していた。彼は、この現象を説明するために、非因果的で、なおかつ同時的な二つの事象の間を関連づける原理を提示した。それが、「共時性(synchronicity)」である。

ユングは、一九五二年(昭和二十七年)に物理学者ヴォルフガング・パウリとの共著『自然現象と心の構造』を出版した。本書の論文「共時性：非因果的連関の原理」で、ユングは、ラインが実験科学的な方法で超能力を研究した報告を引用し、テレパシー、透視、遠隔視、予知、念力等を共時性仮説で説明しようと試みた。

ユングは、十八世紀の「啓蒙の世紀」を代表する哲学者イマヌエル・カントが注目したある報告に強い関心を持っていた。視霊者エマヌエル・スヴェーデンボリに関する報告である。スヴェーデンボリは、科学者として著名であるとともに、霊魂との意思交通や遠隔視を行うことによって、当時西欧で評判だった。

カントは、スヴェーデンボリを研究して一七六六年に『視霊者の夢』を刊行し、自らの見解を明らかにした。そこに件の報告が掲載されている。それはスヴェーデンボリが、一七五六年にスックホルムのゼーデルマルム地区の大火事の様子を、五十マイルあまり（約八十キロメートル）隔たっているイエーテボリに居ながら細かに告げたというものである。その描写は、あたかも火事の現場を近くで目撃しているように具体的である。遠隔視の体験である。カントは、この報告について考察した。また、スヴェーデンボリが霊界について語った話なども検討して、『視霊者の夢』を書いた。本書において、カントはスヴェーデンボリに対して、驚異と揶揄、敬意と軽蔑等の相反する感情を表している。彼の論述は、考えが十分整理されておらず、矛盾した見解を併記した後に、それらをともに斥けている。その仕方がまた半ば否定、半ば肯定のような感じになっている。カントにとって、スヴェーデンボリ問題は予想以上の難問だったのだろう。

カントは、神や霊界を信じる心霊論的信条を持っていたが、当時の機械論的世界観のもとで遠隔視等の報告を検討し、右のような結果に終わった。彼が依拠したニュートンの物理学は、空間と時間を絶対的なものと想定していた。だが、アインシュタインは相対性理論によって、空間と時間の相対性を明らかにした。この認識の枠組みが転換した後の時代にあって、ユングは、スヴェーデンボリの遠隔視の事例を検討し、次のように考察した。

「例えば、ストックホルムにおいて火事が起こっているという幻視がスヴェーデンボリの内に起こったとき、その二者間に何も証明できるようなもの、あるいは考えられるようなつながりすらもないのに、その時、そこで実際に火事が怒り狂っていた。（略）彼を『絶対知識』に接近させた意識閾の低下が存在した、とわれわれは想像する。ある意味で、ストックホルムにおける火事は、彼の心の内でも燃えていた。無意識の精神にとって空間と時間は相対的であるように思われる。つまり、空間はもはや空間でなく、また時間はもはや時間でないような時空連続体の中で、知識はそれ自身を見出すのである。それゆえ、無意識が、意識の方向にポテンシャルを保ち、発展させるならば、そのとき、並行事象が知覚されたり『知られ』たりすることは可能である」と。

これは、ユングが共時性の仮説によって、スヴェーデンボリの体験の説明を試みたものである。ここでユングは無意識の精神にとっては、空間と時間は相対的であり、空間はもはや空間でなく、また時間はもはや時間でないような時空連続体の中で、遠隔視が可能になると考えた。そして、ユングは、共時性を「時間と空間に関して心的に条件づけられた相対性」と定義している。また「空間と時間は、運動する諸物体の概念的な座標だが、それらは根底においてはおそらく同一なのだろう」と書いている。

ユングの説を受けて、空間・時間が心の状態によって条件づけられる相対的なものだと仮定すると、距離を超えた念力による遠隔操作や因果的継起を超えた予知は、一定の条件のもとでは起こり得る現象となる。カントはニュートンに基づき感性のア・プリオリな直観形式として空間・時間を挙げた。だが、空間と時間が二元的なものではなく、一元的なものの表れだとすれば、特殊な能力を持つ人間においては、時空を超えた認識や行為が可能になるだろう。

ユングは、従来の科学が原理とする時間、空間、因果性に、共時性を加えることを提案した。ノーベル物理学賞の受賞者パウリはユングに賛同し、時間、空間をエネルギーと時空連続体に替えることを助言した。これを容れたユングは、永遠のエネルギー、時空連続体、因果性、共時性という四つの原理を提示し直している。

ユングが共時性の仮説を提起してから半世紀以上が経つ。だが、まだ現代科学はＥＳＰやＰＫを総合的に説明し得る理論を構築し得ていない。

ところで、共時性は、心と脳、心と身体の関係をどうとらえるかにも関わる仮説である。

ユングは、一九五六年（昭和三十一年）に書いた『現在と未来』で、次のような見解を述べている。

「(心が)脳と関係があることは、心が脳という基体の中で起こる生化学的プロセスに、因果論的に左右される付随現象、つまり二次的な現象だとする説を決して証明してはいない。しかし他面われわれは、心の働きがいかに脳における証明可能なプロセスによって妨げられるかを、充分に知っている。この事実は極めて歴然としているため、心の上部現象説という結論は、避けがたいと見えるほどだ。しかしながら、ここで超心理学的現象が、われわれに注意を呼びかける。これらの現象は空間と時間の相対性というものを、心的要素を通じて示しており、心身並行論が早計であり単純にすぎることに疑問をつきつけるのである。(略)脳の構造とその生理からは、意識のプロセスは説明できない。心は心の独自性を持っていて、ほかのものや似たようなものには還元することができない。(略)世界は心に意識され、反映され、表されてはじめて存在する。意識は存在の一条件なのである。そのため心には宇宙の一原理たる地位が備わっているのであって、この原理は哲学的にも事実上も、物質的存在の原理と並ぶ等しい地位を心に与えている」と。

引用文中の心身平行論とは、脳の中に一切の過去の思い出が局在しているという説である。哲学者のアンリ・ベルクソンは、この記憶の脳局在説を認めなかった。

ベルクソンは、ユングと同じく超心理学的現象に関心を持ち、英国心霊科学研究協会の会長を務めた。彼は、論文集『精神のエネルギー』で心霊現象やテレパシー等を考察した。特にテレパシーの事例に注目し、「心は体からはみ出ている」と説いた。彼によれば、精神と身体の関係は、比喩的に言えば、洋服掛けとそれに掛けられた洋服の関係のようなものである。ハンガーが揺れれば洋服も揺れる。ハンガーが落ちれば洋服も落ちる。しかし、そうだからといって、ハンガーさえ調べれば洋服のことも一切わかるというものではない。洋服はハンガーをはみ出している。それと同様、精神は身体を大きくはみ出しているというのである。

では、はみ出した精神はどこにあるのだろうか。ベルクソンは、この問いの考察において、意識があるということは何を意味するかをはっきりさせることこそ大切だと考えた。ベルクソンによれば、意識があるとは、あるいは存在する事物が意識されているとは、その意識されている事物が身体の現在の行動に有用であるということである。われわれは現在の行動のために、その行動に役立つわれわれの過去の事物あるいは事象を思い出の中から呼び出すのである。それに対して、現在の行動に無用なものは、過去の淵に沈めたままにしておく。それが無記憶であり、無意識である、とベルクソンは考えた。こうした考察によって、ベルクソンは精神は身体から独立した存在であると考え、テレパシーや心霊現象、死後の霊魂の存続等の可能性を示唆した。

ユングやベルクソンが根本的な問いを発した心と脳、心と体の関係は、脳や遺伝子等の研究が飛躍的に進んだ現在においても解明に至っていない。われわれ人間は、まだ自分自身について肝心なところを知り得ていないのである。この心と脳、心と体の関係の解明こそ、唯物論的人間観から心霊論的人間観への転換を促進し、ひいては従来の宗教を超えた超宗教の時代を開くものとなるだろう。

関連掲示
・210—03「フロイトを超えて～唯物論的人間観から心霊論的人間観へ」
・210—05「人類の集合的無意識を探求～ユング」
・210—02「カントの哲学と心霊論的人間観」

（２）科学と宗教の融合

●アインシュタインは宗教に意義を認めていた

二十一世紀は、科学と宗教が融合に向かう時代である。その兆しは、二十世紀最高の天才物理学者アルバート・アインシュタインに見ることができる。

アイザック・ニュートンは、十七世紀に地上と天空の現象を統一的に説明する万有引力の法則を発見した。ニュートン力学から熱力学が導かれ、十八世紀に化石燃料をエネルギー源とする産業革命が起った。続いて十九世紀にベンジャミン・フランクリン、マイケル・ファラデーによって、電気と磁石による現象は同一だという発見がなされ、ジェームズ・クラーク・マックスウェルが電磁方程式に定式化した。

こうして出来上がった物理学の体系を根本から再構成したのが、アインシュタインの特殊相対性理論である。アインシュタインは一九〇五年に発表した論文で、質量、長さ、同時性等の概念は観測者のいる慣性系によって異なる相対的なものであり、唯一不変なのは光速度定数のみであると主張した。時間と空間は独立したものではなく相関的であり、物体が光速度に近づくに従って時間は遅れると予測した。

アインシュタインは、さらに研究を続け、一九一六年に一般相対性理論を発表した。特殊相対性理論は重力場のない状態での慣性系を取り扱ったものだったが、一般相対性理論は加速度運動と重力を取り込んだ理論だった。この理論は、恒星の重力により、空間が歪み、光の進路が曲がることを予言した。

一九一九年から二二年にかけて、皆既日食において太陽の重力場で光が曲がることが観測され、アインシュタインの理論の正しさが確認された。この間、アインシュタインは、一九二一年にノーベル物理学賞を受賞したが、相対性理論については理解が進んでいなかったため、授賞の理由は光量子仮説に基づく光電効果の理論的解明だった。

アインシュタインは、一九〇七年に「$E = mc^2$」という有名な公式を発表した。この関係式は、エネルギー（E）と質量（m）が等価であることを示すものである。Cは光速度定数である。この公式から、原子の中に存在するエネルギーが解放されたとき、とてつもない破壊力をもたらすことが予測された。その予測が現実になったものが、原子爆弾だった。一九五五年（昭和三十年）四月、アインシュタインは、哲学者バートランド・ラッセルとともに核兵器の廃絶や戦争の根絶、科学技術の平和利用等を世界各国に訴えるラッセル＝アインシュタイン宣言に署名した。

現代の物理学には、マクロの領域を研究する相対性理論と、ミクロの領域を研究する量子力学がある。量子力学では、粒子の位置と速度を同時に決定することはできない。観測を行う前は、それらを確率論的に予測することしかできない。そこから、すべての事象は偶然であると解釈する考え方が現れた。これに対し、アインシュタインは「神はサイコロを振らない」と述べて懐疑的な立場をとった。アインシュタインは、神への敬虔な感情を持っていたことで知られる。そうした彼にとって、すべては偶然だとする世界観は受け入れがたいものだった。

アインシュタインは、宇宙には神の意思による秩序があると信じ、その秩序を明らかにするための理論の構築に心血を注いだ。自然界には、重力、電磁力、強い核力、弱い核力の四つの力がある。アインシュタインは、後半生の約四十年間、これらの力を統一する統一場理論に取り組み、まず重力と電磁気力の統一を試みた。だが、一九五五年の死去により、その研究は中途に終わった。

彼の死後、統一場理論、言い換えれば「万物の理論」の探究が多くの科学者によって続けられている。また、アインシュタインが相対性理論で予測したことは、宇宙の膨張、ブラックホール、重力波等によって確認されており、彼の偉大さは二十一世紀の今日、一層増し続けている。スペース・ワープ、タイム・トラベル、パラレル・ワールド等の仮説も、アインシュタインの理論が根底にあるものである。

アインシュタインは理論物理学者だが、小説家アプトン・シンクレアの著書『精神ラジオ』に序文を書き、精神医学者ヴィルヘルム・ライヒのオルゴン・エネルギー探知機に強い興味を示すなど、精神・生命の領域にも関心を向けていた。

アインシュタインは、科学と宗教が対立するとは考えず、宗教に意義を認めていた。晩年の著書『信条と意見』に、科学と宗教に関する見解を述べている。アインシュタインは、擬人的な神を立てる宗教を超えた宗教体験が存在するとし、それを「宇宙的宗教感覚」と呼んだ。「宇宙的宗教感覚」は、体験したことのない者には説明が難しいと述べたところを見ると、彼自身がそのような感覚を体験していたのだろう。その感覚は特定の宗教の信仰を超えた自己超越的な体験と考えられる。科学と宗教の関係について、アインシュタインは「宗教なき科学は不自由（lame）であり、科学なき宗教は盲目（blind）である」という名言を残している。アインシュタインは、理性における成功を強く体験した者は、誰もが万物に表れている合理性に畏敬の念を抱いているとし、科学、宗教、芸術等の様々な活動を動機づけているのは、崇高さの神秘に対する驚きだという。こうした驚きは、「宇宙的宗教感覚」の体験につながるものだろう。アインシュタインの思想は、科学と宗教が高度な次元においては一致する可能性を示唆している。また最高級の科学者は、そうした次元から直観やひらめきを得ているとも考えられる。アイシュタインの「$E = mc^2$」には、精神・生命の項目はないことが見落とされがちであるが、この公式に表されていない領域へと科学者は研究を進めなければならない。

●科学と宗教が融合する時代へ

今日キリスト教をはじめとする宗教は、先進国を中心にますます後退し、人類の精神性・霊性は、物質的な繁栄と享楽の中に埋没しかかっている。十五世紀以降の西欧に発する近代化の過程は、科学の発達と宗教の後退の歴史だった。その展開が一層加速しているように見える。

ところが驚くべきことに、二十世紀に入って以降、科学の側から、この展開を逆転させる動きが現れている。先にアインシュタインが宗教に意義を認めていたことを述べたが、今や科学の先端において、精神性・霊性への関心が高まってきている。科学の時代から精神の時代へ、あるいは物質科学文化の時代から精神科学文化の時代への転換ともいえるような、巨大なパラダイム・シフトが起こりつつある。

パラダイムとは、われわれの世界観のもとになっている認識、思考、価値観のことをいう。それらが根本的に変わることが、パラダイム・シフトである。物理学では、二十世紀初頭に現れた量子力学と相対性理論によって、パラダイム・シフトがはじまった。そのことを明らかにした物理学者の一人が、フリッチョフ・カプラである。カプラは、名著『ターニング・ポイント』（一九八四年）で、次のように書いている。

「現代物理学から生まれつつある世界観は、機械論的なデカルトの世界観とは対照的に、有機的なホリスティック（全包括的）な、そしてまたエコロジカル（生態学的）な世界を特徴としている。それはまた、一般システム論という意味で、システム的世界観と呼ぶこともできる。そこではもはや、世界は多数の物体からなる機械とは見なされていない。世界は不可分でダイナミックな全体であり、その部分は本質的な相互関係を持ち、宇宙的過程のパターーンとしてのみ理解できるとする」と。

カプラは、こうした現代物理学の世界観が、東洋に伝わる伝統的な世界観に非常によく似ていることを発見した。『老子道徳経』『易経』や仏典に表されている宇宙の姿と、量子力学や相対性理論が描く世界像とが近似している、とカプラはいう。このことを『物理学の道（タオ）』（一九七五年、邦題『タオ自然学』）という本で発表し、世界的に話題を呼んだ。

これは決してカプラ個人の見方ではない。二十世紀の名立たる物理学者たち、不確定性原理のウェルナー・ハイゼンベルグや波動方程式のエルヴィン・シュレーディンガーが、かつては単なる神秘思想と思われていたインド哲学に深い関心を持ち、コペンハーゲン解釈のニールス・ボーアは、晩年シナの易学の研究に没頭した。カプラの師、ジェフリー・チューは自分の靴ひも理論が大乗仏典の内容とそっくりなことに驚愕している。

カプラは言う。「東洋思想が極めて多くの人々の関心を呼び起こしはじめ、瞑想がもはや嘲笑や疑いを持って見られなくなるに従い、神秘主義は科学界においてさえ、真面目に取り上げられるようになってきている。そして神秘思想は現代科学の理論に一貫性のある適切な哲学的裏づけを与えるものという認識に立つ科学者が、その数を増しつつある。人類の科学的発見は、人類の精神的目的や宗教的信条と完全に調和し得る、という世界観である」（『ターニング・ポイント』）

このように説くカプラは、科学と宗教が融合する新しい時代の到来を、世界の人々に伝えているのである。

●「心のアポロ計画」を推進する

大脳にホログラフィー理論を応用したことで知られる大脳生理学者カール・プリグラムは、次のように語っている。

「従来の科学は、宗教で扱う人類の精神的側面とは相容れないものだった。いま、これが大きく変わろうとしている。二十一世紀は科学と宗教が一つとして研究されるだろう。このことはあらゆる面でわれわれの生き方に重大な影響を及ぼすだろう」(プリグラム他著『科学と意識』)

科学と宗教が一つのものとして研究され、それがわれわれの生活に大きな影響をもたらす――こうしたことを唱えているのは、カプラやプリブラムだけにとどまらない。物理学や生物学や認知科学など、様々な分野の科学者が、科学と宗教の一致を語っている。

われわれは、科学と宗教が分離し対立した近代を経て、あらためて科学と宗教がより高い次元で融合すべき新しい段階に入っているのである。

ここにおいて、再評価されつつあるのが、宗教の存在と役割である。カプラは、次のように書いている。

「われわれが豊かな人間性を回復するには、われわれが宇宙と、そして生ける自然のすべて結びついているという体験を回復しなければならない。宗教（religion）の語源であるラテン語のreligareはこの再結合を意味しており、それはまさに精神性の本質であるように見える」と。（『ターニング・ポイント』）

まさしく、われわれは、科学の時代から精神の時代、物質科学文化の時代から精神科学文化の時代への転換期にある。この時代の方向指示者の一人として、数理科学者のピーター・ラッセルは、「心のアポロ計画」という注目すべき提案をしている。ラッセルは、名著『ホワイトホール・イン・タイム』（一九九二年）で、次のように言う。

「今日、人類はまっさかさまに破局へ突っ込んでいく事態に直面している。もし本当に生き残りたかったら、そしてわれわれの子どもや、子どもの子どもたちに生き残ってほしかったら、意識を向上させる仕事に、心を注ぐことこそが最も大切なことである。破壊的な自己中心主義から人類を解き放つための全世界的な努力だけが必要である。つまり、人類を導くための地球規模のプログラム、『心のアポロ計画』が要求されているのである」

アポロ計画とは、一九六〇年代に宇宙時代を切り拓いた米国の宇宙開発計画である。この計画は、物質科学文化の輝かしい成果を歴史に刻んだ。人類が月に着陸し、月面から撮った宇宙空間に浮かぶ地球の写真は、人々に地球意識を呼び起した。これに対し、「心のアポロ計画」は、この宇宙時代にふさわしい精神的進化を追及するプロジェクトである。

このプロジェクトでは、心理的な成熟や内面の覚醒を促す技術の研究開発に焦点が当てられる。そこに含まれるテーマは、次のようなものである。

◆神経科学と心理学に焦点を当て、心の本質を理解する。

◆自己中心主義の根拠をもっと深く研究する。

◆霊性開発のための現在ある方法を全世界的に調査する。

◆新しい方法を探すとともに、現在ある方法の協同化を進め、発見されたものの応用と普及を図る。

提唱者ラッセルによると、この計画に巨額な資金は必要としない。

「毎年全世界が『防衛』に費やしている一兆ドルの一パーセント足らずで、すべてがうまくいくはずである」と、ラッセルは言っている。

私は、一九九〇年代半ばからこの「心のアポロ計画」に賛同してきた者である。世界の有識者は、早急にこの計画を実施すべきである。だが、ラッセルが「心のアポロ計画」を提唱してから、既に三十年近く経っているが、世界規模での具体的な取り組みはされていない。国連等の国際機関で、すみやかにその取り組みを開始すべきである。

●期待される精神科学の発達

ラッセルが提唱する「心のアポロ計画」を実施することは、精神の領域の科学的研究を本格的に推進することになる。

物質の領域の研究では、量子力学において、素粒子の存在は確率論的にしか確定できず、空間と粒子の区別があいまいになり、空間そのものがエネルギーを持つと考えられている。空間が小さいほど高いエネルギーを保有する可能性が高く、これをゼロ点エネルギーという。最小の定数をプランク定数ｈというが、理論物理学者デヴィッド・ボームは、プランク・スケールを最小の波長として、一立方センチの中の空間エネルギーを計算すると、それは現在知られている宇宙の全物質が持つエネルギーより、はるかに大きくなると述べている。こうした自然像は、仏教やヒンドゥー教が象徴的に描いてきた宇宙の姿と通じ合う。後者の宗教的な宇宙観は、前者のように数式や実験によってではなく、精神的な直観によって感じ取ったものである。

アインシュタインは、自然界の四つの力を統一する理論を追求し、道半ばで亡くなったが、彼は物質の領域だけでなく、精神の領域にも強い関心を持っていたことを、ここで再度強調したい。

今日、統一場理論を実現する可能性が最も高いと期待されているのは、一九六〇年代に登場した超弦理論（superstring theory）である。超弦理論では、物質の基本的単位を〇次元の点粒子ではなく、一次元の弦であるとし、これに超対称性という考えを加える。それによって、宇宙の姿やその起源を解明し、また原子、素粒子、クォーク等の成り立ちをも統一的に説明することを試みている。

超弦理論の仮説の一つは、宇宙のはじまりは数学的に十次元構造だったとする。日系の理論物理学者ミチオ・カクによると、その十次元が六次元宇宙と四次元宇宙に分裂した。四次元宇宙とは空間三次元、時間一次元のこの宇宙であり、原始の分裂以来、ビッグバンによる膨張を続けている。もう一つの六次元宇宙は、プランク・スケールという極微へと丸まってしまったため、至る所に存在するはずだが、四次元宇宙の側からはとらえることができない、とカクはいう。

超弦理論には、現在五つの理論が出されている。それらを統合するものとして、M理論が提起されている。Ｍ理論は、空間十次元、時間一次元という十一次元の理論である。この理論では、物質の究極の構成要素は一次元の弦ではなく、二次元や五次元の膜(membrane)であると考える。

このように現代の物理学は十次元ないし十一次元へと研究を進めているが、なお物質の領域の研究にとどまっている。物理学は、アインシュタインの思想を継承して、物質の領域だけでなく、精神の領域を合わせて研究する地点へ進まねばならない。

人間の精神が発する能力には、現代の科学では解明されていない類のものがある。宗教における体験の中には、超能力や人間以外の者との意思疎通、霊的感覚、奇跡等があることを第４章に書いた。そうした現象に関する能力は、人間の精神の活動が脳の生理学的現象の枠を超えたものであることを示唆する。

現代科学で説明のつかない非日常的な感覚や体験をしている人は、少なくない。虫の知らせ、正夢、火事場の馬鹿力、近親者の亡霊を見ること等の体験は、広く知られているものである。そのなぞに目を向ける科学者も存在する。

超能力や霊的な現象について考えるには、理論的な枠組みの拡張や新しい発想が必要になる。物理学者アーサー・エディントン卿が五次元理論を発表したのをはじめ、数多くの科学者が四以上の空間次元や二以上の時間次元を仮定する理論を提示している。数学者エイドリアン・ドッブスは、時間に二次元性を与えた五次元波動場において、虚の質量を持つプシトロンという精神情報の担い手を立てる仮説を発表した。これを受けて、神経生理学者ジョン・エクレス卿は、プシトロンが特異な状態のニューロンに作用し、大脳ネットワークに超時空的な影響場が形成されるという仮説を出した。物理学者オレグ・フィルソフは、光速より速いニュートリノのような性格を持つ精神子マインドンを提案した。電子工学者の関英男は、電磁力―重力系とは別に幽子による情報系を想定し、これをサイ情報系と呼んだ。

デヴィッド・ボームは、物質も精神もエネルギーとして、見えない世界である「暗在系(implicate order)」に、直交変換によってたたみ込まれているという。彼は、暗在系にはおそらく意味の場が存在し、それが反映したものが物質であり、身体であり、見える世界である「明在系(explicate order)」そのものだという仮説を出している。物理者ブライアン・ジョセフソンは、物質の存在はその背後にある潜在的な知性を反映しているという考えを提案している。彼は、すべての自然現象の根底に生命のプロセスが存在するという説に賛同して、量子力学における波と粒子の二重性に似た量子と生命の二重性が存在すると主張している。ボームやジョセフソンの考え方は、世界に意味の場や知性という精神的なものが存在することを想定するものである。

今後、科学が物質と精神のより深い関係を解き明かすことができれば、心霊論的人間観は科学的な裏づけを以って確固としたものとなり、それとともに、人間は宇宙の実在の原理に迫ることができるようにもなるだろう。

科学とは、体系的で、経験的に実証可能な知識をいう。科学には、自然を対象とする自然科学と、社会を対象とする社会科学がある。私は、これらに加えて、今後、精神を対象とする精神科学が発達しなければならないと考える。精神に関する学問には、心理学、精神医学、脳科学、認知科学等があるが、これらを総合し、さらに前進させる必要がある。私は、これを促すことのできるものが、超心理学とトランスパーソナル学であると考える。

そして、物理学で精神の領域の研究が進むとき、精神科学が飛躍的に発達することが期待される。精神科学が発達すると、既存の宗教の矛盾や限界が一層明らかになるだろう。またそれと同時に、科学と宗教の高い次元での融合が現実となるだろう。

（3）超宗教の時代へ

現代は科学が発達した時代である。既成宗教は科学の知見との矛盾を広げ、もはや時代遅れになっている。従来の宗教では人々の心は満たされない。

従来の宗教は、天動説の時代に現れた宗教である。今では、地球が太陽の周りを回っていることを、小学生でも知っている。パソコンやスマートフォン、ロボットやAIどころか、電気や電燈すらなかった時代の宗教では、到底、現代人の心を導けない。

科学的知識が普及するに従い、先進国を中心に、宗教は衰退の様相を呈している。だが、伝統的宗教の衰退は、宗教そのものの消滅を意味しない。人々は単なる伝統や慣習であるような形式的・制度的宗教から離脱して、本当に価値あるもの、本物を探し求め出しているのである。既成観念の束縛から解放された人々は、精神的に成長しようとし、さらに高い水準へと向上しようとしている。自己実現と自己超越の欲求を自覚し、より高い精神性・霊性を目指す人々が増えつつある。これは、かつてない人類精神の巨大な変化を告げる現象と見るべきである。

こうしたなか、科学が高度に発達し、人々の知識が増大したこの時代にふさわしい、科学的な裏づけのある宗教の出現が待ち望まれている。また、現代の宗教には、核戦争による自滅と地球環境破壊の危機を乗り越えるように、人類を精神的に導く力が期待されてもいる。このような待望と期待に応えて二十一世紀に現れるべき新しい宗教は、従来の宗教を超えた宗教、すなわち超宗教となるだろう。そうした宗教に求められる特長は、次のようなものとなるだろう。

◆実証性　実証を以って人々の苦悩を救う救済力を有すること。
◆合理性　現代科学の知見と矛盾しない合理性を有すること。
◆総合性　政治、経済、医学、教育等のすべてに通じる総合性を有すること。
◆調和性　人と人、人と自然が調和する物心調和・共存共栄の原理に基づくこと。
◆創造性　人類普遍的な新しい精神文化を生み出す創造力を有すること。

こうした特長を持つ超宗教が出現・普及することによって、新しい精神文化が興隆し、現代文明の矛盾・限界を解決する道が開かれることが期待される。

本書の冒頭に、私は、宗教を定義して、「人間や自然を超えた力や存在を信じ、それに関わる体験を共有する集団によって形成された信念と象徴の体系」と書いた。この本質は、超宗教においても変わらない。religionの訳語に充てられた「宗教」は、もともと究極の原理や真理を意味する「宗」に関する「教え」を意味していた。宗教は、その本来の意義のように、究極の原理や真理に関わる教えとなるべきものであり、究極の原理や真理を解明し得た宗教であれば、その教えはあらゆる分野に通じる綜合的な教えともなるだろう。

神については、宇宙の根本的な原理にして一切万有を生ぜしめる原動力を人格化して神と呼ぶもの、すなわち理力神が最も根本的かつ合理的なとらえ方であり、哲学的・科学的な神の概念とも一致する真の神の概念である。それゆえ、宗教を超えた超宗教が神を立てるならば、理力神を信仰対象とするものとなる。また、宗教には、諸民族・諸国家にまたがる文明の中核となる機能がある。超宗教は、もはや従来の宗教のように個別の文明ではなく、地球規模の文明の精神的な中核として、物心調和・共存共栄の新文明の建設と発展を推進するものとなるだろう。

結びに〜向上・進化の時

二十一世紀は、宗教の価値が再認識・再評価されつつある時代である。人類が核戦争と地球環境破壊の危機を乗り越えて、この地球に物心調和・共存共栄の新文明を建設するためには、人間の精神的な向上が必要である。その精神的向上を牽引すべきものとして、宗教にはこれまで以上に大きな役割が期待されている。だが、従来の宗教は既成の観念にとらわれ、逆に人類社会の危機を助長し、混乱を深めるような状態になっている。ここで既存の宗教は古い殻から脱け出て、より高度なものへと向上・進化すべき時を迎えている。二十一世紀は、宗教が超宗教へと向上・進化していくべき時代である。そして、従来の宗教を超えた超宗教が出現し、世界に普及することによって、既存の宗教は発展的に解消することが予想される。

われわれの目を自然の世界に転じれば、そこでは様々な生命体が共存共栄の妙理を表している。人智の限界を知って、謙虚に地球上で人類が互いに調和し、また動植物とも共存共栄できる理法を探求することが、人類の進むべき道である。諸宗教においては、指導者がその道を見出し、その道に則るための努力に献身することが望まれる。既存の宗教における変化と融合は、科学、政治、経済、教育、生活等のあらゆる分野に大きな変化を促すことになるだろう。さらに各分野における変化は、現代の文明を物心調和・共存共栄の新文明へと転換する巨大なうねりとなっていくに違いない。

あとがき

私は、二十歳代半ばから四十歳代はじめにかけて、精神科学による真理の探求・実践に専念した。その時期を経て、平成八年（一九九六年）からインターネットを中心に、様々な主題について書くようになり、今日に至っている。主な拙稿は、分野別に分類・整理して、「ほそかわ・かずひこのオピニオン・サイト」に掲載している。

http://khosokawa.sakura.ne.jp

宗教は、私が二十数年来、折に触れて書いてきた領域の一つである。右記のサイトの「心と宗教・哲学」の項目（ページ番号210）に、宗教及びその周辺に関する論考を掲載している。なお、宗教と文明の関係、人類存亡の危機の時代における宗教の役割については、次に刊行する拙著に書く予定である。合わせてお読みいただきたい。

参考資料（主なもの）

- 岸本英夫著『宗教学』（大明堂）
- 脇本平也著『宗教学入門』（講談社）
- 柳川啓一著『宗教学とは何か』（法蔵館）
- ミルチャ・エリアーデ著『世界宗教史』（筑摩書房）『永遠回帰の神話』（未来社）『生と再生』（東京大学出版会）『エリアーデ著作集』（せりか書房）
- 『世界宗教史叢書』（山川出版社）
- 小室直樹著『日本人のための宗教原論』（徳間書房）
- ミルトン・スタインバーグ著『ユダヤ教の基本』（ミルトス）
- ポール・ジョンソン著『ユダヤ人の歴史』（徳間書店）
- 『カトリック要理』（カトリック中央協議会）
- エミール・G・レオナール著『プロテスタントの歴史』（白水社）
- 高橋保行著『ギリシャ正教』（講談社学術文庫）
- 黒田壽郎著『イスラームの心』（中公新書）
- 井筒俊彦著『イスラーム文化―その根柢にあるもの』（岩波文庫）
- 小野祖教著『神道の基礎知識と基礎問題』（神社新報社）
- 加地伸行著『儒教とは何か』（中公新書）
- 福永光司著『道教と日本思想』（徳間書店）
- ヘルマン・ベック著『仏教』（岩波文庫）

参考資料（主なもの）

・渡辺照宏著『仏教』（岩波新書）
・ヤン・ゴンダ著『インド思想史』（岩波文庫）
・クシティ・モーハン・セーン著『ヒンドゥー教』（講談社現代新書）
・田尻惠保＋木村雄吉著「比較往生思想の研究」（『比較思想研究』第六号所収）
・島田裕巳著『宗教消滅』（SB新書）
・アブラハム・マズロー著『人間性の心理学』（産能大出版部）『完全なる人間〜魂のめざすもの』『創造的人間〜宗教・価値・至高経験』『人間性の最高価値』（誠信書房）
・スタニスラフ・グロフ他著『深層からの回帰』（青土社）
・菅靖彦著『心はどこに向かうのか』（NHK出版）
・カール・グスタフ・ユング著『ユング著作集』（日本教文社）『ユングの文明論』『ユングの人間論』（思索社）『心理学と宗教』（人文書院）『自我と無意識』（レグルス文庫）
・C・G・ユング＋W・パウリ著『自然現象と心の構造〜非因果的連関の原理』（海鳴社）
・アンドリュー・サミュエルズ他著『ユング心理学辞典』（創元社）
・ソンディ心理学普及協会のサイト
http://www.edit.ne.jp/~ham/
・アンリ・ベルクソン著『精神のエネルギー』（第三文明社）
・『アインシュタイン選集』（共立出版）
・J・B・ライン＋C・G・ユング他著『超心理学入門』（青土社）
・ジョン・ベロフ著『超心理学史』（日本教文社）
・松岡正剛著『自然学曼荼羅』（工作舎）

・フリッチョフ・カプラ著『タオ自然学』『ターニング・ポイント』（工作舎）
・カール・プリブラム他著『科学と意識』（たま出版）
・ピーター・ラッセル著『ホワイトホール・イン・タイム』（地湧社）
・ミチオ・カク著『二一〇〇年の科学ライフ』（ＮＨＫ出版）
・大塚寛一著『真の日本精神が世界を救う――百ガン撲滅の理論と実証』（イースト・プレス）

著者略歴

細川　一彦（ほそかわ・かずひこ）

昭和二十九年（一九五四年）北海道北見市生まれ。埼玉県川口市在住。作家、評論家。東京外国語大学外国語学部フランス語学科中退。平成八年（一九九六年）から、主にインターネット上で言論活動を展開。日本の精神文化、政治、経済、家族、教育、歴史、国際関係、文明、宗教等について著述・発信。詳しくは「ほそかわ・かずひこのオピニオン・サイト」の「自己紹介」に掲載。

超宗教の時代の宗教概論

二〇一九年五月三十日　初版第一刷発行

著　者　細川一彦
発行者　谷村勇輔
発行所　ブイツーソリューション
〒四六六-〇八四八
名古屋市昭和区長戸町四-四〇
電　話　〇五二-七九九-七三九一
ＦＡＸ　〇五二-七九九-七九八四
発売元　星雲社
〒一一二-〇〇〇五
東京都文京区水道一-三-三〇
電　話　〇三-三八六八-三二七五
ＦＡＸ　〇三-三八六八-六五八八
印刷所　藤原印刷

ISBN978-4-434-25865-7
